Who am i?

나는 내가 만든다

Who am I ?

나는 내가 만든다

| 정창현 · 안광복 · 한채영 · 강동길 · 최원호 지음 |

사□계절

차 례

레밍 딜레마에 빠진 십대들에게

'지금은 공부해야 한다'는 면죄부

우리나라 학생들 대부분의 하루 일과는 새벽에서 새벽까지입니다. 꼭두새벽 0교시 수업으로 시작해서 다음 날 새벽까지 이어지는 학원 수업과 자율 학습. 아마 학습량으로 따진다면 공부벌레로 유명한 하버드 대학생들보다 많을 겁니다.

그러나 그 속을 들여다보면 참 한심하다는 생각이 듭니다. 가까스로 일어나 지각하지 않으려고 헐레벌떡 뛰면서 시작하는 하루, 수업 시간 내내 졸다가 정신 차릴 만하면 시작되는 학원 수업……. 다람쥐 쳇바퀴처럼 돌아가는 일상 속에서 낙이라곤 컴퓨터 게임과 채팅 정도일 뿐.

지칠 대로 지치고 너무도 비능률적인 일과에서 벗어나고 싶지만 차마 그럴 수 없습니다. 경쟁에서 뒤질까 무섭고, 부모님의 안타까운 눈빛도 두렵습니다.

그러다 가끔은 철학자 같은 질문들이 떠오르곤 합니다.

"행복이란 무엇일까?"
"왜 공부를 해야 하는 걸까?"
"내 인생은 앞으로 어떻게 될까?"

하지만 질문도 잠깐, 곧 잊어버리고는 급한 대로 흘러가는 일상의 흐름에 몸을 맡깁니다. 부모님 말씀대로 다 잘되기 위해 공부하는 것이라고, 그런 질문은 대학 가서 하고 지금은 공부해야 할 때라고 스스로에게 답을 던지며 위안 삼습니다. 어찌 보면 이 땅의 청소년들은 참 속 편합니다. 심각한 고민은 모두 '나중에' 해도 되니까요. '지금은 공부해야 한다'는 진리는 어떤 고민에도 통하는 면죄부인 셈입니다.

레밍 이야기

북유럽에는 '레밍'이라는 들쥐들이 삽니다. 이 쥐들은 일 년에 한 차례씩 '죽음의 질주'를 벌입니다. 무리지어 하루 종일 뛰어다니다가 절벽까지 이르러선 멈추지 못하고 떨어져 대부분 죽고 말지요.

왜 이렇게 뛸까요? 이유는 아주 단순합니다. 어느 날 무리 앞쪽의 쥐들이 우연히 뛰기 시작합니다. 쥐는 본디 떼를 지어 사는 동물입니다. 앞의 쥐들이 뛰면 뒤의 쥐들도 무리에서 떨어지지 않으려고 따라 뛰지요. 이런 식으로, 무리가 수천 마리 정도 될 때는 앞의 쥐들이 왜 뛰는지도 모르면서 다른 쥐들도 덩달아 뜁니다. 거꾸로 앞의 놈들은 다른 쥐들이 너무도 맹렬히 달려오니까 두려워서 도망가기 시작합니다. 그럴수록 뒷놈들은 따라붙으려 더 결사적으로 속도를 내고……. 결국 이 황당한 질주는 절벽이라는 돌이킬 수 없는 장소에 이르러서야 끝을 맺습니다. 돌아오는 결과는 누구에게나 공평하게 허무와 죽음이구요. 참 바보 같지요?

'~카더라'에 끌려다니는 인생

이 이야기를 들으며 별 생각 없이 웃는 친구가 있다면 한 번쯤 심각하게 고민해 보십시오. 사실 이것은 학자들이 '레밍의 딜레마(Lemming's Dilemma)'라 일 컫는 유명한 일화입니다. 경쟁 자체에 몰두한 나머지, 정작 왜 이겨야 하는지는 잊어버린 경우를 비꼬는 말이지요.

실제로 레밍은 바로 내 모습일 수 있습니다. 공부를 왜 하는지에 대한 의문 없이 남들도 하니까 나도 한다는 식입니다. 의대, 법대가 왜 좋은지에 대한 생 각 없이, 돈 잘 버는 듯싶고 어른들도 원하니까 가면 좋지 않을까 하고 생각합 니다.

이루고 싶은 강렬한 욕망이 있어도 될까 말까 한 지경인데, 그냥 '~카더라' 식의 막연한 기대 때문에 자신도 모르는 사이 삶의 목표를 정해 버린 꼴입니다. 이러니 치열하게 사는 것 같아도 그 속은 늘 비어 있을 수밖에요.

'나는 왜 공부를 해야 할까?', '내가 원하는 인생은 어떤 것일까?'와 같은 의문은 나중에 대학 가서 해도 되는 물음이 아닙니다. 또 의미없이 뜬구름 잡는 질문도 아닙니다. 이런 질문에 대한 자기 나름의 확답이 없다면 모든 노력은 '밑 빠진 독에 물 붓기'에 지나지 않습니다. 원하는 것이 확실하지 않다면 열심 히 노력할 이유도 없습니다. 부모님과 선생님이 떠밀고, 정작 인생의 주인인 자 신은 떠밀려 가는 괴로운 삶은 여기에서 비롯됩니다.

또한 진정 원하는 것을 잘 모르면서도 안다고 착각하는 경우도 있습니다. '이번 시험 몇 등 상승'을 목표로 10여 년을 열심히 살아왔지만 정작 대학 입 학 원서를 쓰는 순간에는 무슨 과를 가야 할지 전혀 모르는 경우, 그래서 남들이 좋다는 과를 별 생각 없이 지원하는 경우가 그렇습니다.

우리 주변에는 '원하는' 대학에 들어가고서도 재수하는 이들이 많이 있습니다. 학교를 졸업하고 취직을 해서도 자기 일에 몰두하기보다는 '내가 원하는 삶이 이건 아닌데……' 하며 고민하고 갈등하는 사람들도 많습니다. 남들이 보기에는 번듯한 성공을 거둔 것 같은데도, '나는 실패한 인생'이라며 허탈해하는 어른들을 우리는 더러 볼 수 있습니다.

나는 누구인가?

이제 우리가 '나는 누구인가?(Who am I?)'를 물어야 하는 이유는 분명해졌습니다. 이 질문은 결코 '대학 가서', '나중에' 해도 되는 질문이 아닙니다. 내 소중한 삶이 '모래 위에 성 쌓기'가 되지 않기 위해서는, 주변에 치이지 않고 정말 스스로 치열하게 공부에 매달리기 위해서는, 내가 사는 이유와 내가 원하는 인생이 무엇인지를 명확히 말할 수 있어야 합니다.

자, 그럼 이제 다음 질문에 대한 답을 구해 볼까요?

"나는 누구인가?"

"내가 진정 원하는 삶은 어떤 것인가?"

"어떻게 해야 내가 원하는 삶을 이룰 수 있을까?"

이 책을 통해 여러분은 그 해답을 찾을 수 있을 것입니다.

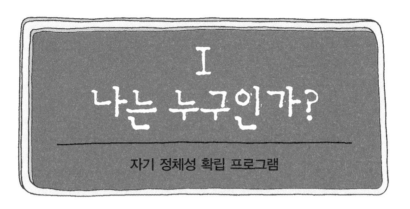

I
나는 누구인가?

자기 정체성 확립 프로그램

내가 누구냐구요? 글쎄요, 한 번도 생각해 본 적이 없어서…….

지금부터 생각해 보라구요?

그런데 어디서부터 시작해야 하죠?

1 나의 역사
내 인생의 비밀 코드를 풀어라

너무 익숙한 것은 오히려 눈에 잘 띄지 않는 법입니다. 어머니가 미장원에 다녀와도 머리 모양이 바뀐 걸 눈치채는 식구가 적은 것처럼 말이지요.

나에게 있어 나 자신도 마찬가지입니다. 거울 앞에 서서 자신을 바라보세요. 나는 지금 너무도 당연한 존재로 내 앞에 서 있습니다. 그러나 실은, 나는 무척 특이합니다. 나는 하루아침에 만들어지지 않았습니다. 낙숫물이 바위를 뚫듯, 십수 년 동안의 경험과 여러 사건이 서서히 나를 만들어 왔습니다. 다만, 스스로 내 존재의 깊이를 느끼지 못할 뿐입니다.

첫 단추 끼우기
첫 단추를 잘못 끼우면, 나머지를 아무리 정성껏 끼워도 소용 없습니다. 삶도 마찬가지입니다. 더 나은 나, 더 발전된 나를 만들려면 먼저 내 과거를 되짚어 보아야 합니다.

지금의 내가 마음에 들지 않나요? 왜, 무엇 때문입니까? 어떤 경험이 어떻게 쌓여서 이런 나를 만들었나요?

나 자신에게 무척 만족한다고요? 어떤 점이 얼마나 마음에 듭니까? 어떤 경험을 하고 어떤 성공을 거두었나요?

진단이 정확하면 치료도 빠릅니다. 지금 내 콤플렉스의 원인이 되는 과거의 상처나 어긋난 부분을 정확히 드러낸다면, 또는 오늘날 내 자부심의 원천이 되는 경험이나 사건을 명확히 말한다면, 이후에 나를 더욱 바람직하게 만들어 나가는 데 큰 도움이 될 것입니다.

내 이름에 출생의 비밀이?

먼저 내 이름부터 살펴봅시다. 이름에는 나에 대한 많은 정보와 비밀이 담겨 있습니다.

"6월 4일에 태어났으니 '육사'라고 해."
"날도 더운데 귀찮다. 더운 여름에 태어났으니 '폭서(暴暑)'라고 하지 뭐."

아무리 천대받는 출생이라 해도, 이런 식으로 이름을 짓지는 않습니다. 아이에게 평생 따라다닐 이름, 어른들은 온 정성과 노력을 기울여 가장 좋은 뜻과 소리를 담을 말을 찾습니다. 이름을 분석해 보면 그 집안의 가풍, 아이의 장래에 대해 가졌던 집안 어른들의 기대와 걱정이 고스란히 배어 있습니다.

자! 그럼 이제 내 이름을 살펴봅시다. 내 이름은 무엇입니까? 어떤 뜻입니까? 어른들은 내가 태어났을 때 왜 이런 이름을 붙여 주셨을까요? 그리고 나는 지금 내 이름에 걸맞게 살고 있나요?

내 인생의 10대 사건, 그 이면의 진실

똑같은 일을 겪었다고 해도 기억은 다들 제각각입니다. 저마다 자기에게 의미 있는 것만을 기억하기 때문입니다. 내 기억도 마찬가지입니다. 초등학교 졸업식 장면을 떠올려 볼까요? 동창들끼리 모여 졸업식 때 있었던 일을 회상하며 이야기꽃을 피운다고 해 봅시다. 모두 같은 경험을 했지만 이야기하는 것은 조금씩 다릅니다. 심지어 어떤 사건을 놓고는 그런 일이 있었네, 없었네 하며 언쟁을 벌이기도 합니다.

내 인생에서 가장 중요한 사건 열 개를 적어 보세요. 시간을 넉넉히 갖고 천천히 나의 과거를 음미해 보세요. 다 적었으면 그 사건이 내 인생에 어떤 의미가 있었고 어떤 영향을 미쳤는지 정리해 봅시다.

정리가 다 되었다면, 종이 맨 위에다 '내 인생의 10대 사건'이라고 크게 적습니다. 그리고 종이에 적힌 사건 열 개를 찬찬히 다시 살펴보세요. 내가 기억하는 사건들에 어떤 비슷한 점이 있지는 않나요?

다른 사람과 관련된 기억이 많습니까, 나 자신의 느낌과 관련된 기억이 더 많습니까? 긍정적이고 밝은 추억이 많나요, 부정적이고 어두운 추억이 더 많나요? 엄청난 충격을 준 과거가 있다면 그에 맞서 싸웠습니까, 일방적으로 당하기만 했습니까?

내가 기억하는 과거는 객관적인 사실이 아닙니다. 지금의 내가 나에게 맞게끔 편집하여 가지고 있는 '단편'들에 지나지 않습니다. 그렇기 때문에 기억 속의 내 과거는 역설적으로 지금의 나에 대해 많은 정보를 주고 있습니다. 그러면 다시 정리해 봅시다. 이렇게 나의 10대 사건을 기억하는 지금의 나는 과연 어떤 사람입니까?

부모님과 집안 어른들이 갓 태어난 나를 위해 지어준 소중한 이름. 그 이름 속에는 나에 대한 기대와 소망이 절절하게 담겨 있습니다. 내가 어떤 사람이 되기를 바라는지, 세상에서 무엇을 이루었으면 하는지 등등……. 그럼, 이제 내 이름을 살펴볼까요?

내 이름은? _____ (한자 : _____)

무슨 뜻입니까? _____

누가 지어 주셨나요? _____

이름을 지어 주신 분은 나에게 무엇을 바라셨나요?
이름 지을 때의 집안 상황, 사회 분위기 같은 것도 참고하세요.

_____

_____

_____

나는 지금 내 이름 속에 담긴 소망과 걸맞은 삶을 살고 있습니까?

(예, 그럭저럭, 아니오, 전혀!)

이름에 담긴 내 삶의 비밀을 다음과 같이 정리해 보세요.
내 이름은 _____ (한자 : _____).
그 뜻은 _____ 이다.

_____는 내가 자라서 _____ 하는 사람이 되라고 이런 이름을 지어 주신 것 같다.

_____, 지금의 내 생활을 이름과 비교해 보았을 때

_____ 하다.

⟨예⟩ 내 이름은 종환 (한자:鍾喚).

그 뜻은 널리 소리쳐 알리라는 말이다.

할아버지는 내가 자라서 명성을 떨치는 사람이 되라고 이런 이름을 지어 주신 것 같다.

하지만, 지금의 내 생활을 이름과 비교해 보았을 때

그 뜻과 달리, 지극히 평범하고 소심하다.

이름의 뜻과 지금의 내 생활이 맞지 않다면, 어떤 점에서 그런가요? 혹시, 이것으로 현재 부모님이나 주변 사람들과 갈등을 빚는 이유를 설명할 수 있지는 않을까요?

내 인생의 10대 사건

지금의 나는 십수 년의 세월이 쌓여 만들어졌습니다. 내 성격과 기질을 형성하는 데 결정적인 영향을 미친 사건들을 적어 보세요. 그것이 구체적으로 나의 어떤 점에 어떤 흔적을 남겼는지 생각해 봅시다.

그런데 흔히 기억은 왜곡되기 쉽답니다. 내게는 중요하지만 부모님이나 친구들에게는 별일 아닌 것도 있고, 주변 사람들에게는 큰일이었지만 내게는 대수롭지 않게 느껴지는 일도 있습니다.

내 인생의 10대 사건을 적어 보세요. 아울러, 부모님이나 어렸을 때부터 나를 잘 알고 있는 사람들에게 내 인생의 10대 사건을 적어 달라고 부탁해 봅시다.

어때요? 두 내용은 일치하나요?

나 _____ 인생의 10대 사건

사건 설명과 함께 내게 미친 영향도 적어 보세요.

1. _____
2. _____
3. _____
4. _____
5. _____
6. _____
7. _____
8. _____
9. _____
10. _____

나의 _____인 _____이(가) 보는 내 인생의 10대 사건

예 나의 어머니이신 김진숙 님이 보는 내 인생의 10대 사건

1. _____
2. _____
3. _____
4. _____
5. _____
6. _____
7. _____
8. _____
9. _____
10. _____

현명한 이는 남의 경험에서 배우고,
평범한 이는 자신의 경험에서 배운다.
바보는 어떤 경험에서도 배우지 못한다.

─영국 속담

2 내 인생의 기준점
나는 내 생각대로 만들어진다

자기 편견의 힘

삶이란 자신을 길들여 가는 과정입니다. 원하건 원치 않건, 우리는 주변 사람들과 어울리면서 자신에 대한 편견을 만들어 갑니다. '나는 공부를 못해.', '나는 내성적인 편이야.', '나는 못생겼어.'……

이런 편견들은 마치 에어컨의 자동 온도 조절기 같은 역할을 합니다. 실내 온도가 설정된 온도보다 높으면 작동하고 낮아지면 작동을 멈추는 에어컨처럼, 우리는 자신에 대해 갖고 있는 믿음에 스스로를 맞추어 가는 것이지요.

예를 들어 보죠. '난 농구를 무척 잘해.'라고 생각하는 사람이 있다고 해 봅시다. 어느 날 그는 자기 딴에는 실력이 별 볼일 없다고 여기는 이들과 농구를 해서 크게 졌습니다. 그러면 이 사람은 큰 충격을 받을 것입니다. 그리고 왜 졌는지를 고민하겠지요. 하지만 처음부터 자기가 농구를 못한다고 생각하는 사람은, 설령 시합에 크게 졌다 해도 별로 상처받지 않습니다. 자기는 '본래' 농구를 못하는 사람이었으니까요.

이 점은 공부에서도 마찬가지입니다. 공부를 잘하던 학생이라도 전학을 가면 성적이 낮게 나오는 경우가 더러 있습니다. 현실적으로 적응 기간이 필요하기 때문입니다. 그러나 시간이 갈수록 그 학생은 성적을 회복해서 공부 잘하는 '본래'의 자리로 돌아갑니다. 스스로 '공부 잘한다.'고 생각하기에 '공부 못한다.'는 주변의 평가를 견디어 낼 수 없기 때문입니다. 반면, 스스로 공부 못하는 아이라 여기는 학생들은 성적이 안 나와도 '으레 있는 일'이라 생각하고 그다지 충격을 받지 않습니다. 물론 기분은 좀 나쁘겠지만요.

히딩크의 비밀—그가 바꾼 것

2002 한일 월드컵의 영웅 히딩크. 그가 바꾼 것은 실력이 아니라 우리 자신에 대한 믿음이었습니다. 선수들 스스로 우리 축구의 수준을 '파라과이나 이란 정도'라고 믿고 있는 한 실력이 늘 수 없습니다. 세계 중상위권 팀만 이기면 자신도 모르게 '할 만큼 했다'는 기분이 들며 나태해지기 때문입니다.

그러나 세계 최강 프랑스 축구팀은 파라과이 정도의 팀을 이겼다 해도 기뻐하지 않습니다. 자기가 세상에서 제일이라고 생각하는 사람은, 세계 최고가 되지 않는 한 결코 만족할 수 없습니다. 그래서 끊임없이 노력하게 되고 결국은 자기에 대한 믿음대로 최고의 자리에 오르게 되는 것입니다.

히딩크가 한국 대표팀을 처음 맡았을 때, 그는 '오대영 감독'으로 통했습니다. 프랑스를 비롯하여 세계 강팀과 벌인 평가전에서 5:0이란 엄청난 점수 차로 잇달아 패했기 때문입니다. 하지만 그는, 선수들 스스로가 '우리는 중위권 수준의 팀'이라고 생각하는 한 결코 그 이상이 될 수 없다는 것을 너무도 잘 알고 있었습니다. 그래서 '우리는 세계 최강과 당당히 겨룰 수 있는 팀'이라는 이미지를 심어 주기 위해 대한민국 대표팀을 무모할 정도로 강팀들과 맞붙게 했습니다. 그 결과, 우리 선수들은 어느덧 경기의 수준을 지단이나 호나우두 같은 최고 선수들의 잣대에 맞추어 판단하게 되었습니다. 높은 수준에 맞추기 위해 더욱더 스스로를 담금질했음은 물론입니다.

나를 바꾸는 출발점에 서자

결국 우리는 스스로를, 자신에 대해 품고 있는 머릿속의 이미지대로 만들어 갑니다. 자신에 대한 편견, 이제 그것을 '세팅 포인트(Setting Point)'라 하려 합니다. 지금의 내가 마음에 안 들고 바꾸고 싶다면, 예컨대 공부 잘하고 건강하며 사교적이고 말 잘하고 노래도 잘하는 등 원하는 모습대로 자신을 만들고 싶다면, 먼저 자신에 대한 믿음을 그런 모습의 '나'로 '세팅'해 놓아야 합니다.

　지금의 '나'는 어떤 모습으로 세팅되어 있습니까? 한 번 살펴볼까요?

자기 편견의 힘

사람은 누구나 자신에 대한 고정관념을 갖고 있습니다. 이 고정관념은 자신을 성숙하게 하고 고난을 이겨내게도 하지만, 때로는 나의 발전과 변화를 가로막는 걸림돌이 되기도 합니다.

나도 모르게 내 속에 배어 있는 자신에 대한 고정관념을 드러내어 정리해 봅시다.

나는 이런 사람입니다.

항목별로 100자 정도로 적어 보세요.

성격 : _____

_____

_____

이런 점에 비추어 볼 때, 나는 내 성격에 대하여 100점 만점에 (   )점을 주고 싶습니다.

신체와 외모 : _____

_____

_____

이런 점에 비추어 볼 때, 나는 내 신체와 외모에 대하여 100점 만점에 (   )점을 주고 싶습니다.

지능과 성적 : _____
_____
_____

이런 점에 비추어 볼 때, 나는 내 지능과 성적에 대하여 100점 만점에 (　　　)점
을 주고 싶습니다.

예술적 재능과 감수성 : _____
_____
_____

이런 점에 비추어 볼 때, 나는 내 예술적 재능과 감수성에 대하여 100점 만점에
(　　　)점을 주고 싶습니다.

친구 관계 : _____
_____
_____

이런 점에 비추어 볼 때, 나는 친구 관계에서 100점 만점에 (　　　　)점을 주고
싶습니다.

전체적으로 볼 때, 나 자신에게 100점 만점에 (　　　　)점을 매기고 싶습니다.
이렇게 볼 때 나는 내가 (무척 자랑스럽습니다, 자랑스럽습니다, 그럭저럭 봐줄 만합
니다, 못마땅합니다, 짜증나게 싫습니다.)

나는 다른 사람들에게 어떻게 비칠까요? 내가 생각하는 나와 다른 사람이 생각하는 나는 다른 경우가 많답니다. 나는 스스로를 '산만하고 정신없는 애'라고 생각하는데, 친구들은 나를 '활기차고 명랑한 아이'라고 여길 수도 있습니다. 반면, 나는 스스로를 '친근하고 붙임성 있는 아이'라고 생각하는데, 친구들은 나를 '귀찮게 치근대는 아이'라고 여길 수도 있습니다.

과연 다른 사람들은 나를 어떻게 보고 있을까요?

자, 유체 이탈게임을 통해 다른 사람의 눈이 되어 봅시다.

유체 이탈이란 영혼이 몸 밖으로 빠져 나간다는 뜻입니다. 상상으로 내가 몸 밖으로 빠져 나가 친구의 마음속으로 들어갔다고 생각해 보세요. 그리고 그 친구가 되어 나를 어떻게 생각하는지 적어 보세요.

ㄱ. 나는 내 친구 _____ 이(가) 되었습니다.

　　그 친구에게 나는 _____ 한 사람입니다.

　　성격, 외모, 인간관계, 태도, 장점과 단점, 공부 등의 측면을 구체적으로 적어 보세요.

이번에는 실제로 그 친구에게 부탁해 보세요. 그 친구가 나를 어떻게 생각하는지 적어 보도록 말이에요.

ㄴ. 나는 실제 _____ 입니다. 내 눈에 _____ 는

　　_____ 한 친구입니다.

ㄱ과 ㄴ의 내용을 비교해 보세요. 일치하는 점은 어떤 건가요? 차이나는 것은요?

ㄱ과 ㄴ이 많이 일치한다면 객관적으로 자신을 잘 파악하고 있다는 뜻이겠지요. 차이가 많다면, 스스로에 대해 잘못된 편견을 갖고 있을 가능성이 높답니다. 주변의 여러 친구들과 유체 이탈 게임을 해서 나 자신을 제대로 알아봅시다.

위대한 사람

셰익스피어는 위대한 사람을 이렇게 분류했답니다.
첫째, 위대하게 태어난 사람
둘째, 노력해서 위대하게 된 사람
셋째, 억지로 위대함을 만들어 가진 사람

주변 사람들한테 멋지게 보이고 싶나요?
나는 이 셋 가운데 어디에 해당할까요?

3 원초적 욕구
내 욕망의 중심은 어디에?

세상은 내 욕망을 중심으로 돈다

빈 액자 속에 점을 하나 찍어 보겠습니다. 자, 아래와 같이 점을 찍었습니다.

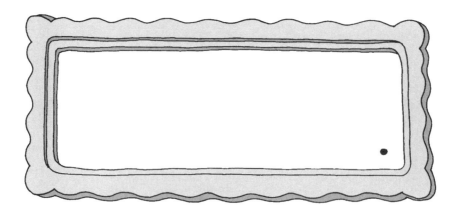

이 그림은 균형이 잡혀 있습니까, 한쪽으로 쏠려 있습니까? 물론 균형을 잃고 쏠려 있는 그림입니다. 왜 그럴까요?

액자 안에 찍힌 점은 아주 적은 면적을 차지할 뿐이지만, 공간 전체를 이끄는 힘을 갖고 있습니다. 전체 공간은 찍힌 점을 중심으로 해석되기 때문입니다.

여기서 액자는 '세상', 그리고 점은 '내 욕구의 중심'을 뜻합니다. 사람들은 자기가 가진 가장 절실한 욕구를 중심으로 세상을 바라봅니다. 예컨대, 돈이 무척 아쉬운 사람은 세상 모든 일을 돈벌이가 되는 것과 그렇지 못한 것으로 나눠 버리지요.

"부자가 되려면 대학엘 가야 해."
"저 애는 이담에 내가 돈벌이할 때 큰 도움이 될 친구야."

이성에 목마른 사람은 어떻게 해야 상대의 마음을 살 수 있는지의 관점에서 모든 일을 바라봅니다.

"내가 공부를 잘한다면 저 애는 나를 좋아해 주겠지?"
"내가 좀더 멋있어진다면 그녀는 나를 사랑할 거야."

사람들에게는 수많은 욕망이 있습니다. 어떤 사람은 주변의 인정을 받고 싶어 합니다. 또 어떤 사람은 명예나 사랑을 얻으려고 합니다. 또 어떤 사람은 부를, 어떤 사람은 학문과 예술적인 성취를 이루고 싶어 합니다. 그리고 그 욕구를 만족시키기 위해 노력하게 됩니다. 아름다움을 갈구하는 사람은 예술가가 되기 위해 힘쓰고, 강건한 육체를 꿈꾸는 사람은 열심히 운동을 하듯이 말입니다. 가장 절실한 욕구는 나를 만들어 가는 가장 근원적인 힘인 셈입니다.

구석에 박힌 욕망 - 병들어 가는 자아

그런데 건강하게 자신을 가꾸어 가려면 욕구의 중심은 액자 속 어디에 찍혀 있어야 할까요? 물론 액자 한가운데입니다. 사방으로 뻗어 나갈 공간이 충분해서 얼마든지 욕구를 키워 나갈 수 있기 때문입니다. 하지만 구석에 쏠려 있다면 어떻게 될까요? 얼마 못 가 가장자리에 부딪히고 말겠지요. 아래 그림처럼요.

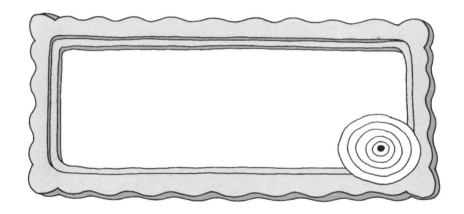

위에서 보듯, 한쪽으로 치우친 욕구는 액자 바깥으로 빠져 나가려고 합니다. 욕망이 이 세상에서는 도저히 채워질 수 없는 곳으로 향하게 되는 것이지요. 한마디로 '탈선'한다는 뜻입니다.

'안전과 인정'에 대한 욕망을 예로 들어 볼까요? 친구들에게 놀림을 당한다고 생각하는 데다가 늘 주변 사람들한테 무시당한다고 느끼는 아이가 있습니다. 그 아이는 늘 불안했습니다. 괴롭힘에서 벗어나 안정을 찾고 인정받는 사람이 되고 싶었습니다. 그래서 마침내 결심합니다.

"그래, 주먹을 키워서 날 괴롭히는 애들을 혼내 주는 거야!"

그러나 주먹으로 친구들을 하나하나 굴복시킨다고 해서 자신이 더 안전해지고 인정받는 사람이 되지는 않습니다. 그를 보는 친구들의 눈에는 존경이 아닌 공포가 담겨 있을 뿐입니다. 아이는 자기에게 당한 친구가 보복을 해 오지 않을까 되레 두려워집니다. 안전과 인정을 얻기 위해 주먹을 키웠건만, 세상은 더욱 무섭고 낯선 곳으로 바뀌어 버렸습니다. 그렇다면 이제 어떻게 해야 할까요?

아이는 주먹깨나 쓰는 친구들과 몰려다니기 시작합니다. 패거리를 이루면 든든해지고 마음의 헛헛함도 채울 수 있지 않을까 해서지요. 그러나 위안도 잠깐, 또다른 패거리가 공격해 오지 않을까 마음이 쓰입니다. 사람들도 그 아이를 인정해 주기는커녕, 경멸과 두려움이 섞인 눈길을 보낼 뿐입니다. 그래서 더 큰 힘을 갖출 수 있는 방안을 떠올리게 되고, 그러다가…….

이 아이가 계속 자신의 욕망을 따라간다면 어떻게 될까요? 아마도 끝없는 폭력의 악순환에서 헤어나지를 못할 것입니다.

우리가 잘 알고 있는 스크루지 영감 이야기도 마찬가지 교훈을 줍니다. 그는 돈이 자신을 행복하게 할 것이라 굳게 믿었습니다. 그렇지만 돈을 벌면 벌수록 그는 고집스럽고 외로운 늙은이가 되어 갈 뿐이었습니다.

나를 진단해 보기 – 내 욕망의 중심은 어디에?

나 자신을 행복하고 건강하게 가꾸어 가려면 어떻게 해야 할까요? 내 욕구의 중심점이 앞의 그림에서처럼 한쪽 구석에 쏠려 있다면, 액자의 가운데로 옮겨 와야 합니다. 여러분 욕망의 중심은 어디에 찍혀 있나요? 구석인가요, 가운데인가요?

심리학자 매슬로(A. H. Maslow)는 인간의 욕구를 생존(먹고, 자고, 배설하는)의 욕구, 안전의 욕구, 소속과 사랑의 욕구, 인정의 욕구, 자아실현의 욕구로 나누어 설명합니다. 자! 다음 빈 액자에 이 욕구들을 적어 보겠습니다. 여러분의 욕구의 중심은 액자 속 어디쯤에 있나요? 펜을 들어 점을 찍어 보세요.

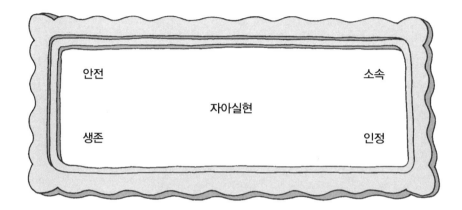

안전   소속

자아실현

생존   인정

내 인생의 BEST 5

수많은 갈등과 선택에 부딪히게 되는 인생길. 사람에게는 저마다 가장 중요하게 생각하는 것이 있습니다. 사람들은 이렇게 말하곤 합니다.

"나는 곧 죽어도 거짓말은 안 해."

"난 사랑하는 남자를 위해서라면 목숨도 바칠 수 있어."

그렇다면 내게는 무엇이 가장 중요한가요? 삶 전체를 걸 만큼 절실한 목표는 무엇인가요? 돈, 명예, 사랑, 쾌락 같은 가치들? 음악, 그림, 축구 같은 활동들? 휴대폰, MP3 같은 물건들?

내가 소중히 여기는 것 5가지를 가장 중요한 것부터 차례로 적어 보세요.

나에게 가장 소중한 것

1. _____

2. _____

3. _____

4. _____

5. _____

다 적었으면 친구, 부모님과 서로 자기가 적은 것을 비교해 보세요. 내가 적은 우선순위가 과연 멋있고 바람직한 것일까요? 친구 것은요? 부모님의 것은 어때요? 토론해 보세요.

시간은 사건들의 강물이며 그 물살은 세다.

무언가 나타났는가 하면, 금방 스쳐가 버리고

다른 것이 그 자리를 대신 차지한다.

그마저도 곧 스쳐가 버리고 말 것이다.

인간의 지혜가 얼마나 부질없고 하찮은 것인가를 눈여겨보라.

어제까지만 해도 태아였던 존재가, 내일이면 뻣뻣한 시체나 한줌의 재가 되니,

그대 몫으로 할당된 시간이란 그토록 짧은 것이다.

그러니 순리대로 살다가 기쁘게 죽어라.

마치 올리브 열매가 자기를 낳은 계절과

자기를 키워 준 나무로부터 떨어지듯.

로마 황제였던 아우렐리우스의 『명상록』에 나오는 글입니다. 후대 사람들은 그를 가장 현명한 황제로 평가합니다. 그러나 그는 삶의 대부분을 전쟁터에서 보내야 했습니다. 그는 전쟁의 복판에서 위와 같은 글을 쓰며 자신을 다잡았습니다. 그에게 글쓰기는 자신에게 보내는 충고였던 셈이지요. 이렇게 스스로 자기 마음을 곧추세우기 위해 쓰는 명상글을 '히포메마타(Hypomemata)'라고 합니다.

전쟁터까지는 아니지만, 우리도 일상에서 여러 문제와 욕구에 시달립니다. 이런 상황에서 나에게 힘을 줄 수 있는 말, 나만의 히포메마타를 작성해 보면 어떨까요? 아우렐리우스처럼 자신에게 영감을 줄 수 있는 문구나 글을 써 보세요.

나의 히포메마타 (100자 정도) : _____

_____

심리학자 매슬로는 인간의 욕구를 이렇게 나누었습니다.

아래 단계가 채워지지 않으면 위의 단계도 채워질 수 없어요. 사흘을 굶은 사람에게는 공부 열심히 하라는 말이 제대로 들어오지 않습니다. 생명이 위태로운 지경에 있는 사람이 축구 동아리에 들어가고 싶은 욕구가 생길 리 없지요.

이렇듯, 먹고 자는 단순한 욕구부터 충분히 채워져야 좀더 고상한 욕구를 꿈꿀 수 있습니다. 그러나 우리 주변에는 욕구 단계를 스스로 일그러뜨리는 친구들이 있어요.

"나는 공부를 못하는 게 아니라 안 하는 거야. 애들처럼 아직도 공부하냐?"

"저런, 저런! 저 형 너무하는 것 아냐? 하긴 따져서 뭐하냐, 무시하자. 똥이 무서워서 피하나, 더러워서 피하지."

이런 말을 하는 사람들은 정말 수준이 높아서 다른 사람들을 무시하는 걸까요? 혹시 이런 말들이 능력 부족이나 채울 수 없는 욕구를 감추기 위한 속임수는 아닐까요?

장점 찾기
미운 오리 새끼, 백조 만들기

최고의 새는 닭이다?

옛날 옛적에 새들이 다니던 학교가 있었답니다. 그곳에서는 '완벽한 새 육성'이라는 교훈 아래 날기와 뛰기, 그리고 헤엄치기를 가르쳤지요. 학생인 타조, 오리, 제비, 닭은 저마다 최고의 새가 되기 위해 노력했습니다.

타조는 뛰기에서 단연 돋보였습니다. 시속 60킬로미터가 넘게 달릴 수 있었으니, 하늘을 나는 것보다 더 빠를 정도였습니다. 하지만 날기와 헤엄치기는 영 젬병이었습니다. 열심히 퍼덕거려 봐야 조금도 떠오르지 않았고, 물이 무서워서 헤엄은커녕 물가에 가까이 가는 것조차 싫어했으니 수영 실력이 늘 리 없었습니다. 그래도 졸업하려면 낙제는 피해야 했어요. 그래서 날아 보려고 높은 곳에 올라가 열심히 뛰어내렸답니다. 그러다가 마침내 무릎 관절이 상하고 말았습니다. 결국 잘하던 달리기도 못하게 되었지요.

오리는 헤엄만큼은 자신 있었습니다. 그러나 뛰기만 하면 친구들의 폭소가 터져 나오곤 했어요. 커다란 엉덩이를 흔들며 뒤뚱뒤뚱거리는 모습이 여간 웃기지 않았거든요. 열 받은 오리, 이를 악물고 달리기에 매달렸습니다. 갈퀴가 갈라지고 피가 나도록 뛰었습니다. 그렇지만, 달리기 실력은 늘지 않았어요. 오히려 갈퀴만 망가져 버려 잘하던 헤엄마저도 못하게 되었답니다.

제비는 날기에서 늘 일등이었습니다. 하지만, 헤엄치기는 늘 꼴찌였어요. 제비는 날마다 물가에서 맴돌았습니다. 그러나 '물 찬 제비'일 뿐, 물 속에는 차마 들어갈 수 없었어요. 그래도 낙제를 면하려면 헤엄쳐야 하는 일, 마침내 제비는 이를 악물고 물 속으로 첨벙 뛰어들었답니다. 그 결과 제비는 깃털이 다 젖고 빠져 버려, 헤엄은커녕 잘하던 날기도 못하게 되었지요.

닭은 어땠을까요? 처음에 닭은 강력한 꼴찌 후보였답니다. 잘 뛰지도 못하고, 날지도 못하는 데다가 헤엄하고도 거리가 멀었거든요. 하지만 타조가 뛰지 못하게 되고, 오리가 헤엄치지 못하게 되고, 제비가 날지 못하게 되면서 닭은 단연 일등이 되어 버렸습니다.

마침내 닭은 타조, 오리, 제비를 제치고 '최고의 새'로 뽑혀서 졸업식날 교장 선생님인 독수리에게 상을 받았습니다. 그러나 상을 주는 독수리의 표정은 그리 밝지 않았답니다.

나다운 게 가장 좋아

앞에 소개한 글은 평준화의 문제점을 지적하는 유명한 우화입니다. 사람은 누구나 자신만의 장점을 갖고 있습니다. 그런데 사람들은 보통 장점보다는 단점에 주목하곤 합니다.

"너는 수학은 최고인데, 사람 사귀는 능력은 형편없어."

"그림만 잘 그리면 뭐해? 국영수 성적은 엉망인걸!"

부족한 점을 메우는 데 온 힘을 쏟느라, 정작 자신의 장점에는 소홀합니다. 그 결과 우리는 본디 잘하던 일에도 소질을 잃어버리고, 장점도 없고 단점도 없는 '그저 그런 아이'로 학교 문을 나서기 일쑤입니다.

어떤 분야에서 최고 자리에 있는 사람이라고 해도 모든 면에서 완벽하지는 않습니다. 골프 천재 타이거 우즈를 예로 들어 볼까요? 타이거 우즈는 공을 멀리 보내는 데는 세계 최고입니다. 그러나 벙커에 빠진 공을 빼내는 기술은 어지간한 선수들보다도 못하다고 합니다. 그런데 우즈가 성공할 수 있었던 비결은, 부족한 점을 보완하려 하기보다 자신의 장기인 공 멀리 보내기를 더 잘하기 위해 많은 노력을 기울인 데 있습니다.

여러분은 어떤가요? 자신의 장점은 묻어 버리고 단점만 열심히 찾아 내려 하고 있지는 않나요? 성공하는 삶을 위해서는 부족한 점을 메우는 것보다 잘하는 능력을 더욱 개발하는 것이 훨씬 효과적이지 않을까요?

'있는 그대로'의 나를 바라봅시다. 그리고 나만의 장점을 먼저 찾아봅시다. 내게는 과연 어떤 뛰어난 점이 있나요? 누군가가 나를 미래의 주역으로 키우려 한다면 나의 어떤 모습에 주목해야 할까요?

단점 같은 장점, 장점 같은 단점

미운 오리 새끼는 오리로서는 너무 미운 부리와 긴 목, 큰 날개를 갖고 있었습니다. 그러나 그것들은 백조로서는 매우 아름다운 부리와 목, 날개였습니다. 미운 오리 새끼가 그 사실을 발견한 순간, 오리는 백조로 다시 태어났습니다. 역사상 위대한 인물들 중에는 미운 오리 새끼에서 백조가 된 사람들이 무척 많습니다.

상대성 이론으로 유명한 아인슈타인은 학창 시절에 덜 떨어진 학생으로 취급받았습니다. 심지어 고등학교 때 어떤 선생님은 "이렇게 우둔한 학생은 처음 본다."고 넌덜머리를 냈다고 합니다. 그도 그럴 것이, 뻔한 내용도 이해를 못해서 수십 번씩 물어 보는 데다가 흥미 있는 일이 있으면 다른 일은 다 제쳐놓고 그것에만 몰두했기 때문입니다. 아인슈타인은 결국 학교에서 쫓겨나고 맙니다.

그렇지만 이런 그의 '단점'은 사실 '장점'이었습니다. 남들은 당연한 사실로 보아 지나치는 것을 뒤집어 보아 새로운 의문을 제기하는 능력, 한 주제를 끝까지 물고 늘어지는 집요함 때문에, 학교에서는 열등생이었던 그가 인류 최고의 물리학자가 될 수 있었던 것이지요.

자! 그러면 이제 나의 단점을 다시 한 번 찬찬히 살펴봅시다. 내게는 아인슈타인처럼 '단점 같은 장점'이 없을까요? 거꾸로, 그동안 주변 사람들이 나의 장점이라고 칭찬했지만 사실은 단점일 뿐인 것은 없나요?

단점 같은 장점

미운 오리 새끼는 긴 목과 다리 때문에 가장 못생긴 오리였어요. 그러나 백조로서는 최고로 예쁘고 멋진 몸매였지요. 나에게도 이런 단점들이 없나요? 자신은 단점으로 생각하고 있었지만, 실지로는 최고의 장점이 될 수 있는 '단점 같은 장점' 말이에요. 나를 백조로 만들어 줄 장점, 어디 한 번 찾아봅시다!

단점이라 생각하는 것	그러나 장점
예 키가 작다.	아담하고 부드러운 인상을 준다.
예 산만하고 집중을 잘 못한다.	호기심이 많고 일에 쉽게 재미를 붙인다.

나의 꾸밈말 찾기

"자애로운 민족의 태양이시며, 강철 의지의 현신이시며, 압제자에게서 우리를 해방시키고, 조국 발전의 선두에 서시는 위대한 우리 지도자 ○○○ 동지는……."

독재자들 앞에 흔히 붙곤 하는 장황스러운 꾸밈말입니다. 우스꽝스럽지요? 그러나 사람들은 자신의 권위를 세우기 위해 이런 꾸밈말을 갖다 붙이곤 합니다. 로마 초대 황제 아우구스투스만 해도, '임페라토르 율리우스 카이사르 아우구스투스(Imperator Julius Caesar Augustus)'라는 말하다가 숨이 찰 정도로 긴 이름을 갖고 있었습니다. '로마의 최고 사령관이시며, 율리우스 가문 출신으로, 카이사르의 후손이시며, 존엄하신 자'란 뜻이지요. 줄여서 '아우구스투스'라고 하지만요.

이런 이름들은 웃음거리가 되면서도, 무의식중에 다른 사람들 머릿속에 자신의 이미지를 강하게 새겨 놓는 효과가 있습니다. 비웃으면서도 받아들이게 만든다는 것입니다. 이를 '세뇌'라고 하지요.

그러면 사람들이 세뇌당할 만큼 매력적인 나의 특징들을 나열해 보도록 할까요? 이것을 앞의 문장처럼 긴 꾸밈말로 만들면 어떻게 될까요? 다음 낱말들을 참고하여 나의 꾸밈말을 만들어 보세요.

예쁜, 매력 있는, 잘생긴, 호감이 가는, 멋진, 상냥한, 고상한, 현명한, 착한, 신뢰가 가는, 지도력 있는, 정직한, 점잖은, 온화한, 애정이 많은, 정열적인, 열심인, 친근한, 쾌활한, 이타적인, 인정이 넘치는, 인간적인, 신사적인, 사려가 깊은, 자유로운, 창의력 있는, 인정이 많은, 임기응변에 능한, 활기찬, 명랑한, 성실한, 조예가 깊은, 자신감 있는, 동정심이 많은, 신중한, 긍정적인, 건설적인, 풍족한, 유복한, 정통한, 노련한, …….

나의 꾸밈말 :

예 훌륭한 음악가이며, 만능 스포츠맨이자, 갸름하고 아담한 체구에, 근면 성실하여 궂은일에 앞장서는 나 ○○○는……

_____

_____

_____

_____

_____

_____

"나는 영국인이다.
라틴어나 그리스어를 못해도
조금도 부끄럽지 않다."

학교 다닐 때는 낙제생이었으며 말더듬이에 심각한 우울증 환자였던 윈스턴 처칠. 그러나 그는 자신만의 장점을 볼 줄 알았습니다. 사람들이 자기 단점 때문에 상처받고 전전긍긍할 때, 처칠은 이와 같이 당당하게 자신의 단점을 인정할 줄 알았습니다. 그리고 과감한 결단력, 뛰어난 문장력과 같은 자신의 장점을 스스로 발굴하고 키워 냈지요.
그러면 나는 어떻습니까? 혹시 주변 사람들이 씌워 놓은 '열등생'이라는 굴레에 스스로 갇혀 있지는 않나요? 가만히 생각해 보세요.

5 나의 브랜드
내 이미지 건강하게 가꾸기

브랜드 파워

프랑스 하면 어떤 이미지가 떠오르나요? 흔히 프랑스는 '문화와 예술의 나라'로 일컬어집니다. 독일은요? 독일은 보통 '근면하고 성실한 국민'으로 기억되지요. 그럼 미국은 어떻습니까?

이처럼 사람들은 각 나라에 대한 고정관념을 가지고 있습니다. 이것은 개인에 대해서도 마찬가지입니다.

"승우는 착하고 순진한 아이야."
"수진이는 고집불통인 데다가 힘까지 세."

국가건 사회건 한 번 굳어진 고정관념은 엄청난 힘을 발휘합니다. 똑같은 물건이라고 해도 '문화 국가' 프랑스에서 만든 것과 후진국에서 생산한 제품의 가격 차이는 엄청납니다. 똑같은 실수를 해도, 평소에 '정직하고 성실하다'는 이미지가 박혀 있는 아이와 '게으르고 무책임하다'는 평가를 받는 아이가 받을 질책의 강도는 매우 다릅니다.

치열한 생존경쟁 속에서 사는 기업들은 이 점을 잘 알고 있습니다. 그래서 자기 기업에 대해 사람들이 좋은 인상을 갖도록 하기 위해 엄청난 돈을 들여 이미지 홍보를 합니다. 이른바 C I(Corporate Identity) 광고가 그것인데, 구체적인 제품을 하나하나 홍보하기보다는 기업 자체에 대해 전체적으로 좋은 인상을 심어 주려고 노력합니다. '밀레니엄 프론티어 ○○', '사랑해요 ○○' 같은 문구들이 이런 종류의 광고입니다.

더욱이, 사회가 발전하고 정보의 양이 많아질수록 사람들은 세세한 정보보다는 이미지에 더 의존하는 경향이 나타납니다. 품질과 사양보다 어떤 '브랜드'이냐가 구매에 더 큰 관건이 되기 때문입니다.

'좋은 브랜드 이미지 만들기', 이것은 현대 사회에서 가장 중요한 생존 전략이 되어 버렸습니다.

'정직한 에이브'－개인 브랜드의 승리

국가나 사회뿐 아니라 개인들 사이에서도 '나만의 브랜드'는 아주 중요한 요소입니다. 나는 주변 사람들에게 어떤 이미지로 기억되고 있을까요? 성실한 아이, 착한 아이, 공부 잘하는 아이?

미국 링컨 대통령의 선거 문구 중에는 '정직한 에이브'라는 것이 있었습니다. 어린 시절에 가난했던 링컨은 조그마한 가게의 점원으로 일한 적이 있었답니다. 어느 날 저녁, 링컨은 물건 판 돈을 계산하다가 10센트가 남는다는 사실을 발견했습니다. 거듭 생각하던 그는 시골 마을 할머니에게 거스름돈을 잘못

내주었다는 사실을 깨달았습니다. 무시해도 좋을 만큼 적은 액수였지만 그는 한밤중에 4킬로미터가 넘는 산길을 걸어가 할머니에게 10센트를 돌려줍니다. 그 다음부터 마을 사람들은 링컨을 가리켜 '정직한 에이브(에이브러햄 링컨의 애칭)'라고 했답니다.

링컨의 참모들은 선거 기간 중에 '정직한 에이브'라는 구호를 집중적으로 부각시켰습니다. 이 때문에 사람들은 링컨을 떠올릴 때면 언제나 '정직하다'는 느낌을 받았지요. 대통령이 된 후 그는 꾀바르고 교활한 정책도 폈지만, 그 어떤 것도 '정직한 에이브'의 환상을 지우지는 못했습니다.

자! 그럼 이제 생각해 봅시다. 내게는 남들에게 나를 각인시킬 만한 좋은 특징, 곧 '브랜드'로 만들 만한 장점이 있습니까? 있다면 어떤 특징을 어떤 문구로 정리하고 어떻게 부각시킬 수 있을까요?

'그럼에도 불구하고' 전략

성당이나 절에 가면 건물 어디엔가 괴수의 모습을 그리거나 조각해 놓은 것을 볼 수 있습니다. 왜 성스러운 장소에 그렇게 기괴하고 추한 형상들을 두었을까요? 물론, 악귀를 쫓는다는 주술적인 의미도 있습니다. 하지만 더 중요한 것은, 그 추한 모습 때문에 성소에 모셔져 있는 성인의 모습이 더욱더 거룩하고 성스럽게 보인다는 사실입니다.

브랜드를 만들 때도 마찬가지입니다. 추하고 감추고 싶은 모습이 있습니까? 그럴수록 거꾸로 자신의 단점을 솔직하게 드러내어 보세요. 그러면 그 솔직함 때문에 자신의 장점이 더욱더 돋보일 것입니다.

천재 화가 이중섭은 어린 시절 우시장에서 살다시피 했습니다. 소가 움직이는 모습에 너무도 반했던 게 그 이유였는데, 소 장사꾼들은 그를 소 도둑으로 오해해서 내쫓기도 했답니다. 또, 말년에 이중섭이 종이를 살 돈조차 없어서 담

뱃갑을 펴서 은박지에 그림을 그렸다는 일화는 무척 유명합니다.

결국 은박지 위에 그림 그리는 이중섭의 기법이 크게 인정받아, 이는 오히려 이중섭의 가치를 더더욱 돋보이게 했습니다.

『지선아 사랑해』라는 책으로 많은 이들의 가슴을 울린 이지선 양도 그렇습니다. 그녀는 귀가하던 길에 교통사고를 당해 몸 전체의 55%가 넘게 3도 화상을 입었습니다. 의사도 포기할 정도였지만 극적으로 살아났지요.

그녀의 모습은 화상으로 심하게 일그러졌지만, 사람들이 지금 그녀에게서 보는 것은 '아름다움'입니다. 역경을 딛고 일어선 의지, 삶과 신에 대한 끝없는 사랑, 다른 사람을 위한 자비와 봉사……, 이런 내면의 아름다움은 '불행'을 통해 오히려 눈부시게 피어났습니다.

혹시 내게도 이렇듯 자신의 진정한 아름다움을 돋보이게 해 줄 상처나 역경은 없습니까? 있다면 이를 어떻게 드러내고 표현할 수 있을까요?

'주먹 쥐고 일어서', '늑대와 춤을', '앉은 황소', ······.

미국 인디언의 이름들입니다. 인디언들은 아이가 태어나면 특이한 사건이나 특징에 맞추어 이름을 붙여 주지요. 바람이 심하게 부는 날 태어났으면, '바람의 아들'이라고 하는 식으로 말이에요.

하지만, 이들은 이름에 집착하지는 않아요. 자라서 어른이 되면, 또 특이한 다른 사건이 생기면 그때 그때 이름을 바꾸곤 한답니다. 마치 뱀이 허물을 벗듯이 말이에요.

지금의 나에게 인디언식 이름을 지어 준다면, 어떤 이름이 좋을까?

자신에게 맞는 인디언식 이름을 붙여 보세요. 그리고 미래에는 어떤 이름을 갖게 되기를 바라나요? 친구들에게 나의 인디언식 이름을 알려 주고, 그 뜻을 설명해 봅시다.

나의 인디언식 이름은? _____

그 뜻은? _____

_____

_____

_____

_____

나의 문장 만들기

두꺼운 갑옷과 방패로 무장한 기사들이 주름잡던 중세의 전쟁터. 그런데 전투가 심해지면, 기사들은 곤경에 빠지곤 했습니다. 갑옷이 비슷해서 적인지 우리 편인지 가릴 수가 없었던 거죠. 그래서 기사들은 방패에 자기 편을 나타내는 무늬를 그리기 시작했답니다. 이게 바로 문장(紋章)의 시작이지요.

귀족이나 가문마다 자랑스럽게 내세우는 화려한 문장들, 여기에는 그들만의 특징과 전통이 잘 담겨 있습니다. 때로는 자신들의 약점이나 치욕스러운 역사도 담곤 하지요. 미국 주들의 깃발 중에는, 미시시피 주처럼 남북 전쟁 당시의 남부 동맹 문양이 들어 있는 것들이 많답니다. 남부 동맹은 패배했지만 오히려 그들은 패배의 자취를 깃발에 담은 것이지요. '영광의 상처'란 말처럼, 상처 입은 과거를 당당하게 드러냄으로써 콤플렉스를 훈장으로 바꾸어 놓은 것입니다.

나의 과거와 자부심, '영광의 상처'를 모두 담아 나만의 문장을 만들어 보세요. 나아가 나를 선전할 수 있는 짧은 광고 문구도 만들어 보세요.

나의 문장

나의 광고 문구 : _____

_____

_____

_____

_____

아기를 판다고!

유아식 통조림으로 유명한 세계적인 브랜드가 있었습니다. 깡통에는 예쁜 아기 그림이 그려져 있었지요. 전세계에서 꾸준히 팔리는 상품이었지만, 유난히 아프리카에서만은 팔리지 않았대요. 왜 그랬을까요?

이유는 깡통에 그려진 아기 그림 때문이었어요. 예전에 아프리카에는 글을 모르는 사람이 많았답니다. 그래서 깡통 겉면에다가 안에 든 내용물이 뭔지를 보여 주는 그림을 그리곤 했대요.

깡통 겉면에 그려진 아기 그림을 보고 아프리카 사람들이 무슨 생각을 했을까요? 왜 이 브랜드가 실패할 수밖에 없었는지는 설명하지 않아도 알 수 있겠지요?

이와 같이 브랜드란 보는 사람에 따라, 시간과 장소에 따라 느낌이 아주 달라집니다. 내 특성과 장점을 살려 긍정적인 이미지를 만들어 냈다 해도, 그건 결코 완전할 수 없어요. 나는 변하지 않아도 주변 상황에 따라 내 이미지는 끊임없이 바뀐답니다.

늘 자신을 되돌아보고, 끊임없이 변화를 추구해야 하는 이유가 여기에 있습니다.

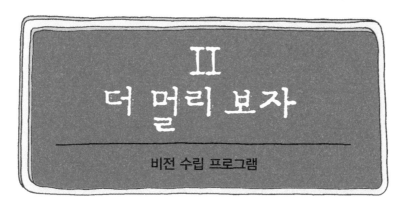

II
더 멀리 보자

비전 수립 프로그램

좋은 학교에 가는 게 젤 중요하대요.
그래서 그것만 생각해요. 내가 원하는 게 뭔지조차 모르겠어요.
30년 뒤에 나는 어떻게 되어 있을까요?

6 나의 스승, 나의 멘터
내 삶의 길잡이를 찾자

내 삶의 길잡이, 나의 멘터

인생은 가없는 평야를 홀로 걷는 것과 같습니다. 어디로 가야 할지, 과연 내가 제대로 가고 있기나 한지 늘 의문스럽습니다. 다행히 나는 혼자가 아닙니다. 이미 내 앞에는 모든 어려움을 극복하고 자신의 길을 걸어간 수많은 사람들의 발자국이 있기 때문입니다. 그네들의 발자취는 내가 가야 할 길을 일러 주고 있습니다.

끊임없이 흔들리는 삶 속에서, 지금 내가 겪고 있는 것과 같은 어려움을 이미 극복하고 성공적인 생애를 보낸 이들의 이야기는 내 생활의 지침이 되곤 합니다.

예컨대, 우리 선비들은 공자님 말씀을 인생의 등불로 삼곤 했습니다. "15세가 되어 학문에 뜻을 두었고(吾十有五而志于學), 30세에 학문의 기초를 확립했다(三十而立). 40세가 되어서는 미혹하지 않았고(四十而不惑), 50세에는 하늘의 뜻을 알았다(五十而知天命). 60세에는 남의 말을 듣고도 욱하는 기운이 없어졌으며(六十而耳順), 70에 이르러서는 마음 내키는 대로 해도 법도를 넘는 법이 없었다(七十而從心所欲不踰矩)."라는 공자의 인생 회고는 선비들의 이상적인 삶의 과정이었습니다.

예수와 석가모니의 삶이 많은 사람들의 귀감이 되는 것도 마찬가지 이치입니다.

내게도 내 삶을 이끌어 주는 이 같은 안내자, 곧 멘터(mentor)가 있습니까? 어떤 점에서 그들이 나의 멘터가 될 만합니까? 역사나 영화, 문학 작품 속에서 내 삶에 영감을 주는 사람을 찾아서 그들의 모습을 찬찬히 분석해 봅시다.

세 사람이 걸어가면 그 가운데 반드시 내 스승이 있다

멘터는 위인 중에만 있지 않습니다. 주변을 둘러보면 훌륭한 사람들이 참 많습니다. 공자는 일찍이 "세 사람이 걸어가면 그 중에는 반드시 내 스승이 있다."는 유명한 말을 남겼습니다. 어떤 사람에게든 내가 배울 만한 점이 한둘은 있게 마련이라는 뜻이지요.

어떤 친구는 참을성이 많고, 어떤 친구는 활기차고 적극적입니다. 또 어떤 친구는 정리 정돈을 잘하고, 어떤 친구는 공부를 참 열심히 합니다.

부모님, 선생님, 친구를 비롯한 주변 사람들을 떠올리며 그들에게서 배울 만한 점들을 찾아봅시다. 그리고 어떻게 그들은 그처럼 훌륭한 면을 갖추게 되었는지 물어 봅시다.

나아가 그네들의 장점을 하나하나 추려 내어, 그 모두를 갖춘 완벽한 사람을 상상해 봅시다. 그 사람은 어떤 모습을 하고 있을까요?

욕하면서 배운다 – 반면교사

하지만, 잘난 사람은 많아도 본받을 만한 사람을 발견하기란 그리 쉽지 않은 법입니다. 어떻게 하면 나의 멘터를 쉽게 찾을 수 있을까요?

잘 떠오르지 않는다면, 먼저 '저렇게 되지는 말아야지.' 하는 사람들부터 떠올려 봅시다. '반면교사(反面敎師)'라는 말이 있습니다. 중국의 마오쩌둥(毛澤東)이 처음 썼다는 이 말은, 남들의 추하고 바람직하지 못한 면을 통해서 오히려 깨달음을 얻을 수 있다는 뜻입니다. 그 사람들을 보면서 '저렇게 하면 안 된다.'는 것만은 확실히 느낄 수 있잖아요?

주변에서 눈살을 찌푸리게 하는 사람들의 행동과 태도를 떠올려 봅시다. 그리고 그것을 하나하나 나열해 보세요.

나아가 그네들의 단점을 추려 내어, 그 모두를 갖춘 최악의 사람을 상상해 봅시다. 그 사람은 어떤 모습을 하고 있습니까? 나의 완벽한 반면교사는 아닌가요?

반지의 제왕, 그 숨은 진실

J. R. R. 톨킨의 『반지의 제왕』에는 모든 것을 지배하고 파괴할 수 있는 힘을 가진 '절대 반지'가 나옵니다. 그 반지를 소유한 사람은 절대적인 힘을 갖게 되어 세상을 온통 악으로 물들이게 될 것입니다. 그래서 정의로운 종족의 대표자들은 절대 반지를 파괴하기 위한 여행을 떠나기로 결심합니다. 이름하여 '반지 원정대'.

그러나 원정대 안에서도 싸움은 끊이지 않습니다. 반지가 끊임없이 대원들 사이에 갈등을 불러일으키기 때문입니다.

"저 애들만 없으면 넌 반지를 차지할 수 있어."

이렇게 반지는 마음속 탐욕을 일깨우지요. 대원들은 서로 의심하고 욕을 해댑니다. 그런데 한번 생각해 봅시다. 왜 상대방을 욕하고 의심하게 될까요? 그것은 상대방이 나와 똑같은 생각을 하고 있지는 않나 두렵기 때문입니다.

머릿속으로는, '저놈이 나를 죽이고 반지를 차지할지 몰라.'라고 생각하지만, 사실은 '내가 저들을 죽이고 반지를 차지하고 싶은 것처럼, 저 놈도 나를 죽이고 반지를 차지하고 싶을지 몰라.'라는 것이지요.

증오는 이와 같은 성격을 갖고 있습니다. 상대방을 싫어하는 이유는 나와 똑같기 때문일 수도 있습니다. 나도 새치기를 하고 싶기에, 앞에 끼어드는 친구가 더욱 밉습니다. 나는 '차마' 못하지만 그 친구는 하고 있으니까요. 잘난 척하는 친구가 너무 싫습니다. 나도 과시하고 싶은 게 많지만 억누르고 있는데, 그 친구는 '뻔뻔스럽게도' 자기를 드러내고 있기 때문입니다.

이처럼 '반면교사'를 통해 자신도 미처 깨닫지 못하고 있었던 나의 내면을 바라보게 됩니다.

자! 이제 멘터와 반면교사를 통해 바람직한 내 모습을 다잡아 봅시다.

상상 속의 동물인 용. 용은 실은 여러 동물들의 부분 부분을 모자이크한 산물입니다. 예컨대, 사슴의 뿔, 뱀의 몸통과 비늘, 날카로운 맹수의 발톱을 지니고 있습니다.

피카추도 그렇지요. 너구리 몸매에 강아지의 눈망울, 어린애같이 토실토실한 볼, 이렇듯 귀여운 부분들만 빼다 모았지요.

내가 좋아하는 사람들에게서 닮고 싶은 모습들만 뽑아 내어, 완벽한 인간을 만들어 볼 수 있지 않을까요? 사람들의 장점을 하나하나 모아 보세요. 그것을 모아서 내가 바라는 완벽한 인간형, 곧 '인간 모자이크'를 만들어 봅시다.

닮고 싶은 사람의 좋은 면(성격, 외모, 태도, 포부, 능력 따위)들을 적어 보세요.

 친구 김영수 : 누구에게나 밝고 친절한 성격을 닮고 싶다.

_____ : _____

_____ : _____

_____ : _____

_____ : _____

_____ : _____

_____ : _____

_____ : _____

_____ : _____

_____ : _____

이런 좋은 점들을 모두 모으면 어떤 사람이 될까요? 친구들에게 그 사람을 소
개해 보세요.

골렘은 유대인 신화 속에 나오는 '인조인간'입니다. 진흙으로 빚어서 인간의 형상을 만들고, 현자가 마법의 문구를 외거나 주문을 머리에 붙이면 살아 움직이게 됩니다. 중세 유럽에서 골렘은 신을 거역하고 창조의 영역에 도전한 상징으로, 공포의 대상이었답니다.

이번에는 나만의 골렘을 만들어 볼까요? 세상에서 가장 싫어하는 사람을 만들어 봅시다. 현재의 나를 가늠하는 데는, 닮고 싶은 사람뿐 아니라 싫어하는 사람도 도움이 된답니다. 그 사람처럼은 안 되겠다는 생각이 나를 다잡아 주기 때문입니다.

다른 이들에게서 싫어하는 면들을 모아 나만의 골렘을 만들어 봅시다. 어떤 모양인가요?

나의 골렘

성격, 외모, 태도 따위를 조합해서 100자 정도로 써 보세요.

_____

_____

_____

_____

_____

골렘의 모습을 한 번 그려 볼까요?

그래, 네 말이 옳다고 해 보자

논리학에서는 귀류법(歸謬法)이라는 설득 방법이 있답니다. 상대방의 이야기가 일단 옳다고 인정한 다음, 그렇게 되면 어떤 잘못된 결론이 나오는지를 보여 주는 방법이지요.

예를 들면, "네 말대로 성냥개비로 20층 건물을 지을 수 있다고 해 보자. 그러면, 1층에서 받게 될 건물의 무게는……." 이런 식으로 상대 주장이 틀렸음을 보이는 논리입니다.

때로는 주변 사람들을 대상으로 '귀류법적인 추리'를 해 보는 것도 삶을 올곧게 세우는 데 도움이 된답니다. "저 사람의 삶의 방식이 옳다고 해 보자. 그러면 어떤 문제가 생길까?" 곰곰이 따져 가다 보면, 논리력이 느는 만큼이나 내가 추구해야 할 바람직한 삶의 모습도 분명해질 거예요.

미래토크 2040
내가 이끌어 갈 30년 뒤의 세상은?

선견지명의 힘

1899년, 미국의 어떤 관리는 특허청을 폐지하자고 주장했습니다. 인류가 발명할 수 있는 것은 거의 다 발명했다는 게 이유였답니다. 한편 그 무렵, 영국 옥스퍼드 대학의 한 교수는 전등을 직접 보고서도 눈속임일 뿐이라며 믿지 않았습니다. 이들의 주장은 지금 우리에게는 터무니없어 보입니다.

반면, 성공하는 사람들은 미래를 보는 눈, 곧 선견지명이 있습니다. 세계 최고의 부자 빌 게이츠는 1995년에 『미래로 가는 길』(*The Road Ahead*)이라는 유명한 책을 썼습니다. 이 책에서 그는 이렇게 말합니다.

"인터넷으로 연결되지 않은 컴퓨터는 앞으로 코드가 빠진 전화기 같은 신세가 될 것이다."

"앞으로는 휴대 전화와 신용 카드를 하나로 합친 'PC 지갑'이 일반화될 것이다."

'컴맹'이라는 사실이 대부분의 사람들에게는 부끄러울 것도 없었던 10여 년 전 상황에서, 그는 이미 지금의 인터넷 세상을 예견하고 있었습니다.

'증권의 신'이라고 일컬어지는 증권 투자가 워런 버핏. 그는 지난 20여 년간 변화무쌍한 증권 시장에서 누구도 해내지 못한 엄청난 투자 수익을 올렸습니다. 버핏은 다음과 같은 명언을 했습니다.

"10년 이상 소유하고 싶지 않은 주식은 단 10분 동안 소유할 가치도 없다."

남들이 뉴스 보도나 소문에 휩쓸려 다니는 동안, 그는 자기 나름의 판단 기준과 신념으로 시장 상황을 예측했습니다. 유행을 따르기보다는 기업의 진정한 내적 가치를 보고 판단했던 것이지요.

이처럼 성공하는 사람들은 미래에 대한 정확한 예측에 근거한 확고한 비전을 갖고 있습니다.

운명에서 미래로!

그런데 우리 젊은이들은 어떻습니까? 미래에 비추어 현재를 설계하기보다는, 지금의 유행에 휩쓸려서 미래를 결정합니다. 남들이 일류 대학, 일류 대학 하니까 나도 가야 된다고 생각하고, 남들이 다 해외 연수나 유학을 가니 나도 가야 한다고 느끼며, 남들이 고시 준비를 하니 나도 해야 한다고 결심합니다. 그 결과 지금 어떻게 되었습니까?

한쪽에서는 청년 실업자와 고학력 백수들이 넘쳐나는데도, 다른 한쪽에서는 필요한 인력을 구할 수 없어 야단입니다.

　미래에 대한 철저한 대비는 막연하게 '남들 하듯이' 따라해서는 되지 않습니다. 이것은 운명에 자신을 맡기는 행위와 다르지 않습니다. 잘 풀리면 다행이지만, 안 되면 특색 없고, 그래서 경쟁력도 없는 수많은 군중 가운데 하나로 남겠지요. 결국 미래는 암울한 '운명(doom)'이 되어 버릴 것입니다. 그러면 어떻게 해야 운명을 밝은 '미래(future)'로 바꿀 수 있을까요?

　먼저 미래 사회는 어떻게 바뀔 것이고, 앞으로 요구되는 능력은 무엇인지에 대한 철저한 분석과 반성이 선행되어야 합니다. 여러분이 사회의 주축이 되어 있을 2040년대, 세상은 어떻게 바뀌어 있을까요? 미래 사회를 어떻게 예측할 수 있을까요?

노스트라다무스 되기?

미래를 예견한답시고 노스트라다무스 같은 신비적인 인물에 의존하거나 점술을 따를 수는 없는 일입니다. 미래를 예측할 때 쓰는 과학적 방법에는 이런 것들이 있습니다.

　첫째, 트렌드를 분석하는 방법입니다. 유행은 돌고 돕니다. 수년 전 영화나 드라마를 보면 사람들의 차림새가 촌스럽게 느껴집니다. 그런데 수십 년 전 배우들은 오히려 세련되게 보이는 경우가 있습니다. 바지를 짧게 입는 게 유행이다가, 몇 년이 지나면 길고 통 넓게 입는 사람들이 늘어납니다. 그러다 또 몇 년이 지나면 바지는 다시 짧아지지요.

　이런 식으로 트렌드, 곧 유행은 일정한 주기로 반복하며 발전해 나가는 특성이 있습니다. 심지어 전공이나 직업 세계에도 트렌드가 있습니다. 한때는 공학관련 전공이 주목받고 인문학 전공이 쇠퇴했다가, 어느 때는 다시 공대가 기피대상이 되고 문과 지원자가 늘어나고, 그런가 하면 의대 붐이 일기도 했다가 또 몇 년이 지나면 포화 상태가 되어 다시 공대 바람이 부는 식으로 말입니다.

둘째, 앞선 선진국의 사례에서 도움을 받을 수 있습니다. 앞으로 우리나라가 국민소득 2만 달러의 국가가 되면 어떻게 될까요? 현재 국민소득 2만 달러에 이른 나라들은 바로 그때의 한국을 짐작해 볼 수 있는 '교과서'입니다.

예컨대, '왕따', '폐인' 등 지금 유행하는 현상도 실제로 십여 년 전 일본에서 나타났던 것들입니다. 집단 괴롭힘을 뜻하는 '이지메', 한 분야에 집착을 보이는 '오타쿠'가 그것이지요.

셋째, 통계 자료를 이용할 수도 있습니다. 타율이 3할대인 타자는 10번 나와서 3번 정도 안타를 치리라 예측할 수 있습니다. 미래를 설계할 때, 앞으로 10년간의 경제 성장률 전망치를 참고할 수도 있겠지요.

마지막으로, '전형적 유형'이라고 할 수 있는 사람들의 삶의 과정을 바라보는 것도 도움이 됩니다. 영화나 드라마를 보면, 꼭 성격이나 사는 게 나 같은 사람이 등장할 때가 있습니다. 극중 인물을 설정하는 데는 보통 사람들의 의식이 반영되기 마련이니까요. 그들이 어떤 식으로 비치고, 그네들의 삶이 어떻게 전개되는지를 보는 것도 미래를 설계하는 데 도움이 될 수 있답니다.

미래의 청사진 그리기

위대한 인물 중에는 시대를 예측하고 거기에 순응하기보다는, 오히려 세상을 자기가 원하는 모습으로 바꾸어 버리는 이들도 있습니다. 불가능한 벽이라 여겨졌던 알프스를 넘어 로마 침공을 감행한 한니발, 조선소 부지로 점찍은 백사장 사진 한 장에서 출발하여 지금의 한국 조선 산업의 기틀을 닦은 정주영, 열악한 노동 현실을 아무도 개선할 수 없다고 믿던 때 과감히 목숨 바쳐 변혁을 이끌어 낸 청년 노동자 전태일 같은 이가 그런 사람들입니다.

이들은 모두 미래에 대해 강력한 신념이 있었습니다. 그리고 그 신념은 공허한 환상이 아니라 현실에 뿌리박은 치밀한 분석을 바탕으로 다져진 것이었습니다. 그렇다면 나는 어떤 미래를 꿈꾸고 있습니까? 왜 미래는 그렇게 되어야 할까요? 현재의 어떤 면을 보고서 그렇게 되어야 한다고 생각하게 되었나요?

탐색과제 ★ 3

2040년의 세상

내 인생의 전성기가 펼쳐질 30년 뒤의 세상. 세계는 과연 어떻게 바뀌어 있을까요?

1950년대 사람들은 인간의 두뇌를 전화교환기에 비유하곤 했습니다. 그때 사람들로서는 그 이상 정교한 기계를 생각할 수 없었기 때문이겠지요.

하지만 요즘에는 전화교환기를 모르는 사람이 훨씬 많습니다. 사람이 일일이 통화를 연결해 주는 교환기는 이미 십수 년 전에 사라져 버렸으니까요. 지금 과학자들은 두뇌를 컴퓨터에 비유해서 설명하곤 합니다. 눈, 귀는 키보드 같은 입력 장치, 두뇌는 CPU(중앙 처리 장치)와 기록 장치, 입은 출력 장치……, 이렇게요.

이런 식으로, 사람들은 자기 시대의 눈으로 모든 것을 설명합니다. 2040년의 세계, 우리는 또 무엇으로 두뇌를 비유하고 있을까요?

반면, 시대가 아무리 흘러도 바뀌지 않는 것들도 있답니다. 100년 전 작품인 생텍쥐페리의 『어린 왕자』는 여전히 많은 사람들에게 감동을 줍니다. 심지어, 수천 년 전 작품인 호메로스의 『일리아스』나 『오디세이아』는 지금도 재미있는 읽을거리입니다. 기술은 빨리 바뀌어도, 사람들의 마음은 그리 빨리 바뀌지 않는다는 뜻이겠지요.

2040년의 세상, 무엇이 바뀌고 무엇은 바뀌지 않을까요? 미래를 내다보아 바뀔 것에 대비해서는 무엇을 해야 하고, 바뀌지 않을 것에 대해서는 어떻게 해야 할까요?

2040년의 세상 모습을 예측해 보세요.

과학기술, 도시와 시골의 모습, 가족, 학교, 재판 제도를 비롯하여 여러 가지를 생각해 보세요.

_____

_____

_____

_____

Ⅱ. 더 멀리 보자 **63**

왜 그렇게 바뀌게 될 것인지 친구들에게 설명해 보세요.

읽은 책이나 자료를 근거로 들어 보세요.

_____

_____

_____

_____

2040년이 되어서도 바뀌지 않을 것들에는 어떤 것이 있을까요?

_____

_____

_____

_____

왜 안 바뀌게 될 것인지 친구들에게 설명해 보세요.

읽은 책이나 자료를 근거로 들어 보세요.

_____

_____

_____

_____

탐색과제 ★ 4

유토피아의 꿈

이상향을 가리키는 유토피아란 말은 '어디에도 없는 곳'이란 뜻입니다. 그러나 유토피아를 향한 꿈은 세상을 너무도 많이 바꾸어 놓았습니다. 기독교가 꿈꾸던 사랑이 충만한 '신의 나라'는 서양 중세 천년을 이끌던 힘이었습니다. 러시아 등에서 이미 실패했다고 결론이 나기는 했지만, 사회주의자들은 모두가 평등한 사회를 이루고자 했습니다. 그래서 끝없이 혁명을 꿈꾸었지요.

이처럼 유토피아를 만들고자 하는 희망은 나와 사회를 바꾸는 힘입니다. 나는 어떤 유토피아를 어떻게 그리고 있나요? 세상은 어떤 모습으로 바뀌어 가야 할까요? 내가 꿈꾸는 유토피아를 적어 보세요. 그리고 친구들과 이상적인 미래 사회에 대해 이야기해 봅시다.

내가 꿈꾸는 유토피아는 어떤 곳인가요?

_____

_____

_____

_____

_____

_____

_____

_____

_____

_____

_____

미래 사회의 트렌드

미래 전문가인 페이스 팝콘(Faith Popcorn). 그녀는 1999년에 『클리킹』(Clicking)이라는 책을 펴냈습니다. 이 책에서 팝콘은 미래 사회의 트렌드를 '예언'했습니다. 내 생각과 얼마나 일치하는지 몇 가지만 살펴볼까요?

유유상종 트렌드:
취미나 관심사가 비슷한 사람들끼리 모여서 친밀한 관계를 이루려는 경향을 말합니다. 인터넷 동아리 등이 많이 생기고 활발하게 활동하는 것처럼요.

환상 모험 트렌드:
사람들은 지겨운 일상에서 벗어나 짜릿한 모험을 하기 원합니다. 그러나 동시에 다치지 않고 안전하기를 바라지요. 컴퓨터 게임이 점점 거칠고 잔인해지는 현상, 실내 암벽 등반이 유행하는 것, 거친 자연환경에서나 필요한 4륜구동 자동차가 도시인들에게도 인기를 끄는 현상 같은 것들이 이에 해당합니다.

행복 찾기 변신 트렌드:
'더 많이, 더 크게, 더 빨리'보다는, 좀 느리더라도 튼실하고 건강한 삶을 가꾸어 나가려는 경향을 말합니다. 웰빙 유행이 여기에 속하겠지요.

여성적 사고 트렌드:
성취보다는 과정을, 경쟁보다는 공감과 배려를 중요하게 여기는 분위기를 말합니다. 사회는 앞으로 지위 상승보다는 집단의 친밀감을 더 중시하게 된다는 뜻이랍니다.

자, 어떤가요? 우리는 그녀가 예상했던 미래 세계에 살고 있습니다. 어떤 것은 맞고, 어떤 점은 '글쎄?'일 겁니다. 그래도 맨땅에 헤딩할 수는 없는 일, 미래를 끊임없이 예상하고 대비하려는 자세는 누구에게나 꼭 필요합니다. 그럼 한 번 도전해 보세요. 앞으로 10년 뒤에는 어떤 트렌드가 유행할까요?

8 이상적인 나
내가 그리는 나의 모습

프린스 & 프린세스 메이커

인기 컴퓨터 게임 중에 '성장 게임'이라는 장르가 있습니다. 선정한 캐릭터를 잘 관리하여 훌륭하게 키우는 게 주요 골격이지요. 예컨대, 게임 속에서 나는 부모가 되어 자녀를 왕자나 공주로 성장시키는 과정을 밟아 나갑니다. 내가 잘 못 조치하면 아이는 탈선하여 형편없는 건달이 되어 버릴 수도 있습니다. 잘 키웠더라도 '2% 부족'하면 왕자나 공주까지는 되지 못합니다. 그래도 기술자나 회사원 같은 건전한 사회인으로는 키울 수 있답니다.

곰곰이 생각해 보면, 내 인생도 하나의 '성장 게임'이라 할 수 있습니다. 삶은 꿈과 야망에 따라 나를 실현해 가는 과정이니까요. 그런데, 만약 삶의 이상과 포부가 없는 사람은 어떻게 될까요?

조각가를 예로 들어 봅시다. 조각가는 작업하기에 앞서 자신이 만들 작품을 머릿속에 그립니다. 그런 다음 스케치를 하여 처음의 상상을 명확하게 하고, 그 것을 바탕으로 돌을 쪼기 시작합니다. 사실, 조각은 작가의 머릿속에 있던 이미 지를 돌이라는 소재로 구체화시키는 과정이라 할 수 있습니다. 그런데 작가가 별 구상 없이 되는 대로 돌을 깎는다면 어떻게 될까요? 더 멋진 작품이 나올 수 도 있겠지만, 소중하고 값비싼 재료만 낭비하기 십상일 것입니다.

'성장 게임'은 실패하면 다시 처음부터 시작할 수 있습니다. 반복할 수 있다 는 것이지요. 하지만 내 인생은 절대로 반복할 수 없는 '단 한 번의 게임'입니 다. 나아가 내 삶은 그 어느 대리석보다도 훨씬 더 귀한, 세상에 단 하나밖에 없 는 내 꿈의 소재입니다. 그러니 '시행착오'라는 말로 낭비와 실수를 정당화하 기에는 더없이 소중합니다.

그렇기 때문에, 일상을 충실하게 가꾸기 위해서라도 먼저 이상적인 나의 모 습을 분명히 그려 보지 않으면 안 됩니다.

이미지 훈련

분데스리가로 유명한 축구 강국 독일. 이곳의 청소년 선수들은 어떻게 훈련을 받을까요? 놀랍게도 이들의 연습량은 우리나라 선수들에 비해 훨씬 적습니다. 선수를 보호한다는 측면에서 연습 시간을 제한하고 있기 때문입니다.

그런데 이들이 훌륭한 기량을 갖출 수 있는 이유는 무엇일까요? 여러 원인 이 있지만, 이미지 훈련도 중요 요인이라 할 수 있습니다.

하고 싶은 일을 못하면 내내 그것에 마음을 쓰기 마련입니다. 부모님이 컴퓨 터를 못하게 하면, 억지로 책상 앞에 앉아 있더라도 머릿속에는 온통 게임 생각 뿐인 것처럼 말이지요. 미칠 정도로 축구가 하고 싶은 청소년 선수들도 마찬가 지입니다. 실제 공은 차지 못하더라도 각각의 장면 하나하나를 떠올리며 머릿 속으로 열심히 게임을 뛰게 되지요. 스스로 이미지 훈련을 하는 셈입니다.

이미지 훈련은 실제 훈련만큼이나 효과가 높습니다. 공을 생각 없이 백 번 차기보다, 정신을 집중하여 정교하게 문제를 짚어 내는 것이 훨씬 도움이 됩니다. 게다가 부상당할 염려도 없이 문제를 바로잡을 수 있으니 더없이 좋은 방법이라 할 수 있겠지요.

마찬가지로, 이상적인 나를 실생활에 구현하기에 앞서 머릿속으로 먼저 그 모습을 생생하게 그려 보는 것은 어떨까요? 눈을 감고 이상적인 내가 밥을 먹고, 친구와 만나고, 공부를 하는 일상의 모습을 세세히 그려 봅시다. 그 모습에 문제는 없나요? 또, 상상한 것과 같이 되려면 지금 나의 어떤 모습을 어떻게 바꾸어야 할까요?

지도 그리기

고지 점령은 한달음에 이루어지지 않습니다. 군인들은 적의 반격과 각종 장애물 때문에 보통 중간 목표를 설정하고 공격을 합니다.

"이번 돌격은 저기 앞의 바위까지야."
"바위에 도달하면 일단 숨었다가, 그 전방에 있는 웅덩이까지 뛴다."

이런 식으로 고지에 한걸음 한걸음 다가가지요.

이상적인 나를 만드는 과정도 그렇습니다. 하루아침에 나를 전혀 다른 사람으로 바꿀 수는 없는 법입니다. '언제까지, 어떤 모습으로 나를 변화시켜 나갈까?' 하는 중간 목표가 필요합니다.

이상적인 나로 만들기 위한 계획표를 짜 봅시다. 나는 언제쯤 이상적인 모습으로 바뀔 수 있을까요? 그러기 위해서 일 년 뒤의 나, 한 달 뒤의 나, 일 주일 뒤의 나는 어떻게 바뀌어 있어야 할까요?

아바타 게임

산스크리트어로 지상에 내려온 신의 모습을 일컫는 말인 아바타. 지금은 인터넷상의 이미지를 일컫는 용어로 더 많이 쓰입니다. 가상공간 속에서 나의 아바타는 '또다른 나'입니다. 그곳에서 나의 아바타는 친구를 사귀고, 대화를 하며 놀고, 쇼핑을 하는 등 일상의 나와 다름없이 살아갑니다. 어떤 친구들은 현실보다 가상공간에 깊이 빠져 문제가 되기도 하지요. 그만큼 '또다른 나'로, '원하는 모습의 나'로 바뀔 수 있다는 환상은 무척 매력적이라 할 수 있겠죠.

그럼 이제, 아바타 게임을 해 볼까요? 지금 내가 소망하는 꿈을 이룬 미래의 내 모습을 아바타로 만드는 겁니다. 미래의 나를 나타내는 아바타. 먼저, 그가 활동할 무대를 만들어 보세요. 병원, 학교, 건설 현장, 식당……, 그는 어디에 있습니까?

나의 아바타가 있는 곳은 어디인가요? : _____

나의 아바타가 활동하는 공간을 아래에 그리고 설명해 봅시다.

나의 아바타는 지금 어떤 말투를 쓰고 있나요? 무슨 일을 주로 하고, 만나는 친구들은 어떤 사람들인가요? 부자인가요? 소박하지만 보람 있는 일을 하고 있나요? 그 세계 사람들은 나의 아바타를 어떻게 평가하고 있나요? 아래에 적고 친구들과 이야기해 보세요.

_____

_____

_____

_____

_____

_____

_____

성공한 삶을 살고 있는 나의 아바타. 친구들에게 그동안 자신이 살아온 삶을 이야기해 줍니다. 어떤 고난에 맞닥뜨렸으며, 어떻게 그것을 잘 극복해서 멋지고 성공적인 모습을 이루게 되었는지, 그 과정을 차근차근 적어 보세요. 방황하던 십대에서 훌륭한 지금의 모습에 이르기까지 '영광의 과정'을 말이에요.

십대, 이십대, 삼십대, …… 식으로 세월이 지남에 따라 변해 가는 내 모습을 적어 보세요.

_____

_____

_____

_____

_____

_____

_____

내 인생의 매뉴얼

프랜차이즈 음식점의 생명은 '똑같은 맛'에 있습니다. 같은 간판을 달고 있다면, 어느 가게건 똑같은 맛을 낼 수 있어야 하지요. 같은 음식인데도 부산에서 먹을 때와 충주에서 먹을 때 맛이 다르다면, '똑같은' 음식점이라고 말하기 곤란하지요.

그러면 어떻게 프랜차이즈 음식점들은 모두 한결같은 음식 맛을 낼 수 있을까요? 그건 재료 선택부터 조리 과정까지 모든 업무를 매뉴얼로 정해 놓았기 때문입니다.

'고기의 지방 함량은 20퍼센트 정도 되어야 한다. 햄버거 고기를 구울 때는 섭씨 500도 불에 앞면은 1분, 뒷면은 1분 30초 굽는다. ……' 이처럼 모든 과정을 명확하게 정해 놓았답니다.

상황에 따라, 기분에 따라 시시각각으로 변하는 나. 변덕이 죽 끓듯 합니다. 어떤 일이 닥치더라도 안정되고 변하지 않을 '나만의 색깔'을 가질 수는 없을까요?

'나만의 매뉴얼'을 만들면 도움이 될 거예요. '화날 때는 이렇게 한다, 산만할 때는 이렇게 한다, 무료하고 짜증날 때는 이렇게 한다' 식으로.

인생을 살며 계속해서 도움이 될 수 있는 매뉴얼을 작성해 보세요. 먼저 10개 정도만 만들어 볼까요?

1. _____ 한 상황이 닥치면, 나는 _____ 한다 .

2. _____ 한 상황이 닥치면, 나는 _____ 한다 .

3. _____ 한 상황이 닥치면, 나는 _____ 한다 .

4. _____ 한 상황이 닥치면, 나는 _____ 한다 .

5. _____ 한 상황이 닥치면, 나는 _____ 한다 .

6. _____ 한 상황이 닥치면, 나는 _____ 한다 .

7. _____ 한 상황이 닥치면, 나는 _____ 한다 .

8. _____ 한 상황이 닥치면, 나는 _____ 한다.

9. _____ 한 상황이 닥치면, 나는 _____ 한다.

10. _____ 한 상황이 닥치면, 나는 _____ 한다.

개미와 베짱이

성취욕을 기준으로 보면, 사람은 크게 두 부류로 나눌 수 있어요. 하나는 자신이 할 수 있는 것 이상으로 성과를 내려고 하는 맥시마이저(maximizer), 다른 하나는 성공보다는 현재의 삶을 즐기며 하루하루를 즐겁게 보내려는 새티스파이어(satisfier).

둘 가운데 나는 어떤 유형일까요?

옛날에는 이 둘의 관계를 '개미와 베짱이'에 비유했답니다. 그러나 지금은 반드시 그렇지도 않아요. 열심히 산다는 것의 기준은 이제 얼마나 오래, 많이 일했는지에 있지 않습니다. 얼마나 참신한 발상을 하고, 그 결과로 효율적이고도 매력 만점의 결과를 낳았는가가 더 중요하지요.

그렇다면 이 둘을 결합시키는 삶의 방식은 없을까요? 만족스럽고 여유로운 삶을 살면서도 최고의 성과를 내는 하루하루. 이것은 과연 불가능한 일일까요? 다음 장에서는 이 점에 대해 생각해 볼 것입니다.

9 내 인생의 나침반
'왕쪼잔 맨'에서 '친절 대범 맨'으로

훌륭한 타자는 상대 투수한테 집중 견제를 받기 마련입니다. 투수들은 이들에게 좀처럼 좋은 공을 던져 주지 않습니다. 때로는 빈볼(몸에 맞는 공)로 위협하기도 하고, 일부러 공을 던지지 않고 질질 시간을 끌어서 감정을 상하게도 합니다.

그러나 훌륭한 타자는 좀처럼 이러한 견제에 흔들리지 않습니다. '자기가 해야 할 일'을 명확하게 알고 있기 때문이지요. 타석에 들어선 목적은 '공을 잘 쳐서 살아 나가는 것'입니다. 투수와 벌이는 기 싸움, 관중의 외침 같은 것에 흔들리면 안 되지요.

반면, 성적이 좋지 않거나 훈련을 많이 하지 않은 선수는 쉽게 흥분해서 '공을 잘 쳐서 살아 나가는 것'이라는 타자의 목적을 잊어버리고 맙니다. 그래서 상대 선수에게 주먹질을 하거나, 관중에게 감정적인 반응을 보이곤 합니다. 그 결과, 심리전에 말려들거나 경고를 받아 공을 잘 치지 못하고 맙니다.

우리의 일상도 마찬가지입니다. 삶의 목표가 분명한 사람은 사소한 일에 흔들리지 않습니다. 하지만 목표가 없거나 흐리멍텅한 사람은 일상의 자잘한 사건에 크게 흔들리는 삶을 삽니다.

왕쪼잔 맨이냐 친절 대범 맨이냐

삶의 목표가 없는 사람은 이렇습니다.

첫째, 사소한 일에 쉽게 화를 내고 좌절합니다.

컴퓨터 게임이나 동네 축구 같은 작은 일에도 목숨을 걸곤 하지요. 그래서 정작 꼭 해야 할 일은 못합니다. 그러면서도 쓸데없이 바쁘게 허둥거려요.

둘째, 늘 허전하고 의존적입니다.

주변 사람들이 자신을 어떻게 보고 있는지 지나치게 신경 쓰고, 친구들이 외면하면 불안해하고 어쩔 줄을 모릅니다.

셋째, '～때문에 못한다'는 말을 입에 달고 삽니다.

자기가 정말로 무엇을 원하는지를 모르기 때문에, 꼭 하고 싶은 일도 없습니다. 장애물이 있으면 넘기는커녕, 자신이 왜 그것을 극복하지 못하는가를 설명하는 데만 정신을 쏟습니다. 언제나 자신이 이룰 수 있는 일보다 이룰 수 없는 일을 바라고 이를 부러워하면서 좌절합니다.

"재처럼 머리가 좋았다면 나도 일등을 할 수 있었을 텐데."
"나는 부모님이 너무 완고해서 아무 일도 할 수 없어."

이런 식으로 말이지요. 이들이 바로 '왕쪼잔 맨'입니다.

반면, 목표가 분명한 사람의 삶은 어떨까요?

첫째, 작은 일에 얽매이지 않고 대범합니다.

자신이 이루어야 할 목표가 분명하기 때문에 사소한 일에 매달리지 않습니다. 삶에서 무엇이 가장 중요하며, 지금의 일이 그것과 어떤 관계가 있는지를 늘 생각하기 때문입니다.

둘째, 독립적이며 친절합니다.

자신이 가야 할 길이 확고하게 정해져 있으므로 언제나 독립적이며 다른 사람의 평가에 흔들리지 않습니다. 늘 자신감을 지니고 쓸데없는 열등감에 빠지지 않습니다. 그래서 언제나 따뜻하고 여유 있는 마음으로 다른 사람들을 배려합니다.

셋째, 주도적인 삶을 삽니다.

'~ 때문에 못한다'는 말을 좀처럼 하지 않습니다. 어쩔 수 없는 부분 때문에 좌절하기보다는 할 수 있는 부분에 집중합니다. 머리가 나쁘다고 좌절하기보다는 성실함으로 이룰 수 있는 것이 무엇인지 생각하여 그 쪽에 집중하고, 형편이 어렵다고 포기하기보다는 현실의 어려움을 극복할 수 있는 길이 어디 있는지를 찾아봅니다.

인생 목표 정하기

우주 비행 5회에 체류 시간 223일. 우주 정거장 미르에서 188일간 체류. 미국의 여성 우주 비행사 섀넌 루시드(Shannon Lucid) 박사의 기록입니다. 이러한 업적은 매우 대단한 것이어서, 그녀는 보리스 옐친 러시아 대통령에게 최고 훈장을 받기도 했습니다.

루시드가 중학교 2학년 때 일입니다. 선생님이 장래 희망을 글로 쓰는 숙제를 냈답니다. 그녀는 로켓 기술자가 되어 우주 비행을 하는 것이 꿈이라고 썼습니다. 그 당시 우주 비행은 공상과학 소설에나 나올 법한 이야기였대요. 거기다 여성 우주 비행사는 더더욱 생각하기 어려운 일이었을 테지요. 그래서 어린 루시드의 글을 장난이라고 생각한 선생님은 크게 화를 내며 그녀를 야단쳤답니다.

그러나 루시드의 결심은 진지하고 확고했습니다. 성인이 되고 대학에 들어간 뒤에도 그녀는 결코 꿈을 포기하지 않았습니다. 1979년, 루시드 박사는 마침내 우주 비행사가 되는 데 성공했습니다. 그리고 여성 우주 비행사로서 인류 역사에 기록될 만한 뛰어난 업적을 남겼습니다.

이처럼 삶을 이끌어 갈 확고한 목표가 있는 사람은 반드시 자신의 꿈을 이루는 법입니다. 그렇다면 내 삶을 의미 있고 명예롭게 만들기 위해서 내가 가져야 할 목표는 무엇일까요?

목표 중에는 추상적인 것도 있습니다. '민중을 이끄는 자유의 여신'은 프랑스를 상징하는 여신 마리안느가 총을 들고 힘차게 앞장서고 있는 유명한 그림입니다. 인류에게 자유와 평등과 박애를 일깨운 프랑스 대혁명의 의의를 피가 끓을 정도로 잘 표현한 작품이지요.

혁명은 그 뒤 대혼란으로 이어졌지만, 사람들은 그 끝이 '자유, 평등, 박애'의 실현으로 이어져야 한다는 신념을 잃지 않았습니다. 이처럼 이상은 현실을 이끄는 강력한 힘입니다. 내게도 이처럼 내 삶을 이끄는 신념이 있나요? 나아가, 우리 사회는 어떤 이상을 좇아야 할까요?

무슨 일이건 마지막 순간에는 그것의 의미가 분명하게 다가오는 법입니다. 졸업식날 가슴이 뭉클해지며 지나간 날들이 머리를 스치던 기억이 누구에게나 있을 겁니다. 무엇을 잘했고, 무엇을 잘못했는지, 지나간 세월이 다시 온다면 얼마나 열심히 살 것인지, 갖가지 생각이 스쳐 갑니다. 인생의 마지막 날에는 이보다 더하겠지요.

『죄와 벌』로 유명한 러시아의 대문호 도스토예프스키. 그는 스물여섯이란 젊은 나이에 사형 선고를 받았습니다. 시베리아 벌판의 사형대에 묶인 도스토예프스키. 그에게 남은 시간은 5분뿐이었습니다. 그는 그 5분 중 2분을 사람들에게 최후의 인사를 하는 데, 또 2분은 그동안의 삶을 정리하는 데, 나머지 1분은 마지막으로 자연을 감상하는 데 쓰리라 마음먹었습니다.

하지만, 두 번째 2분에서 생각이 막혀 버렸습니다. 왜 이리 헛되이 삶을 살았을까? 26년간의 삶에 대한 후회가 가슴을 때렸습니다. 다시 한 번 산다면 정말 잘살 수 있을 텐데…….

'찰칵' 하고 노리쇠 젖히는 소리가 들려왔습니다. 바로 그 순간, 극적으로 황제의 사면령이 도착합니다. 도스토예프스키는 가까스로 목숨을 건졌습니다. 이후, 그는 작가로서 순간순간을 치열하게 살았답니다. 『카라마조프의 형제들』 같은 위대한 작품은 이런 깨달음이 없었다면 탄생하지 못했을지도 모릅니다.

나에게도 인생의 졸업식이 바로 오늘, 이 순간에 왔다고 생각해 봅시다. 앞으로 5분 뒤에 내 삶이 끝난다고 가정해 보세요. 사형대에 묶인 도스토예프스키처럼, 나의 삶을 정리해 봅시다. 내 짧은 삶을 나는 어떻게 평가하고 정리할 수 있을는지요?

내 인생의 마지막 순간이다. 나는

내 삶의 조형물

내 삶을 조형물로 만든다면 어떤 모양일까요? 어떤 재료를 써서, 얼마만한 크기로, 어떤 모양으로 만들면 좋을까요? 내 인생을 상징하는 조형물을 그려 보세요. 제목을 붙이고, 친구들에게 작품의 의미를 설명해 봅시다.

제목 : _____

작품 해설 : _____

_____

_____

_____

목표라고 다 좋은 것은 아니다

1991년 걸프 전쟁이 끝난 후, 미국 국방성은 심각한 고민에 빠졌습니다. 전쟁터에서 많은 병사들이 적군에게 총을 쏘지 못했기 때문입니다. 훈련할 때는 백발백중 명중시키던 명사수들이었지만, 정작 실전에서는 허공에다 대고 총을 쏘아 댔다지요. 막상 적의 얼굴을 대하고 보니 사람을 죽이는 게 두려웠기 때문입니다.

이처럼 인간은 누군가를 죽인다든지, 남을 속인다든지 하는 데 대하여 천성적으로 거부감을 갖고 있습니다. 내 목표가 남을 해치는 쪽으로 향해 있다면, 내 양심은 그 길이 옳지 않음을 일러 줄 것입니다.

목표를 세웠다면, 그 목표가 누군가에게 상처나 피해를 주지는 않는지 양심에 물어 보세요. 물론, 더 큰 선을 위해서 어쩔 수 없이 누군가의 마음을 아프게 하는 목표도 있습니다. 그렇다면 그 목표가 다른 이에게 상처를 주어도 될 만큼 대단한 것인지 따져 보세요. 자신의 목표에 대해 곰곰이 생각해 봅시다.

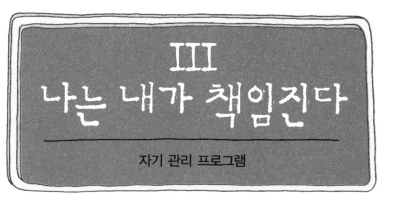

III
나는 내가 책임진다

자기 관리 프로그램

잠 좀 그만 자라, 게임 좀 그만 해라,
이런 간섭 받는 건 정말 싫어요. 놀 땐 놀고, 공부할 땐 열심히…….
나도 야무지게 살고 싶다구요.

10

생활 목표 수립
'뜨기' 보다 '날기'를!

스스로 만드는 오르지 못할 나무

화가들은 제대로 된 하늘색을 내는 데만 3년, 물색을 내는 데는 5년이 걸린다고 합니다. 훌륭한 화가가 되겠다고 제아무리 굳게 결심했다 해도, 그것만으로 뜻을 이룰 수는 없습니다. 오랜 세월에 걸친 인내와 노력으로 '내공'을 쌓아야 꿈을 이룰 수 있습니다.

인생은 100미터 달리기가 아닙니다. 오히려 마라톤에 가깝지요. 그런데도 많은 이들은 단거리 경주를 하듯 서둘러 승부를 내려 합니다. 빨리 욕망에 도달하려고 무리하게 목표를 잡는다는 말입니다.

"앞으로 일 년 안에 성적을 최상위권으로 올린다."

"한 달 안에 체중을 20킬로그램 줄일 테야."

하지만 일 년 열두 달을 시험 보기 직전처럼 밤새워 공부할 수는 없는 노릇입니다. 또, 무리하게 체중을 줄여 놓으면 며칠 못 가 다시 원상태로 돌아가는 '요요 현상'을 경험하기도 합니다. 많은 사람들은 자기가 원하는 것을 빨리 이루고 싶은 욕심에서 무리하다 싶게 높은 목표를 잡습니다. 스스로 '오르지 못할 나무'를 만들어 놓고 좌절하는 셈입니다. 그러니 늘상 결심은 작심삼일에 그치고, 실패가 반복되는 생활이 될 수밖에 없지요.

인생은 마라톤과 같습니다. 처음부터 뛰쳐나가 일등으로 뛰다가 중도에 포기하기보다는, 꾸준히 오래도록 뛰는 것이 승리의 비결입니다. 한 번 높이 '뜨고' 난 후 지쳐서 다시 추락해 버리는 삶보다는, 비록 천천히 올라가더라도 높디높은 하늘을 계속 '날 수 있는' 그런 삶이 되어야겠지요.

'실현 가능하며 지속적으로 실천할 수 있는 생활 목표와 계획'이 필요한 이유가 이것입니다.

SMART – 실현 가능한 목표 수립을 위한 원칙

"하루에 무조건 천 원씩 모으자."
"앞으로 3년 안에 10억을 버는 거야."

어느 쪽이 더 실현 가능성이 높은가요? 물론 앞의 것이 훨씬 더 높습니다.

"대한민국을 세계 초일류 국가로 만든다."
"대한민국을 3만 달러 국민소득과 문화산업 총생산 1위의 나라로 만든다."
"앞으로 10년 안에 국민소득 2만 달러 목표를 달성하고, 20년 안에 3만 달러 국가로 성장한다."

셋 중 어느 것이 실현 가능성이 높아 보입니까? 당연히 세 번째일 테지요.

이처럼 목표는 명확하고 손에 잡힐 듯 분명할수록 실현 가능성이 높습니다.

심리학자들은 생활 속에서 실현 가능한 목표를 좀더 분명하게 정의 내려 줍니다. 곧, 목표는 손에 잡힐 만큼 구체적이어야 하고(specific), 결과를 측정할 수 있으며(measurable), 행동으로 제시할 수 있고(action-oriented), 실현할 수 있으며(realistic), 시한이 분명해야(timely) 합니다. 이렇듯, 실현 가능한 생활 목표 수립을 위한 지침을 각각의 앞 글자를 따모아서 'SMART 원칙'이라고 하지요. 그럼, 하나하나 그 내용을 살펴볼까요?

① 구체적일 것(Specific)

"오늘 영어 공부 좀 해 보자." 보다는 머릿속으로 장면을 떠올릴 수 있을 만큼 목표를 구체적으로 잡는 것이 좋습니다. 예컨대, "오늘 7시부터 9시까지(언제), 학교 도서관에서(어디서), 영어 I 과목을(무엇을), 해석하고 주요 단어를 외우면서(어떻게), 독해 지문을 48~49페이지까지(얼마나) 공부한다." 처럼요.

② 측정할 수 있을 것(Measurable)

목표는 눈으로 확인할 수 있는 객관적인 수치로 나타내는 것이 효과가 높습니다. "체중을 줄여서 날씬한 몸매를 유지한다." 보다는 "체중을 5킬로그램 줄인다." 가 훨씬 낫지요.

③ 행동으로 표현할 수 있을 것(Action-oriented)

목표는 내가 무엇을 해야 하는지를 명확하게 제시해 주어야 합니다. "헌신적이고 봉사하는 학생이 된다." 보다는 "쉬는 시간마다 교실 쓰레기통 주변을 청소한다.”와 같은 목표가 좋습니다.

④ **실현할 수 있을 것**(Realistic)

목표는 반드시 실현할 수 있는 것이어야 합니다. 실현할 수 없는 목표는 좌절감만 안겨 주지요. 가장 강한 성취동기를 불러일으키는 목표는 자기 능력의 최대치보다 10퍼센트 정도 높게 잡는 것이라고 합니다. 예컨대, “팔굽혀펴기를 지금은 10번 하지만 한 달 뒤에는 150번을 한다.” 보다는 “하루에 11번씩 팔굽혀펴기를 하고, 2주마다 하나씩 올려 나간다.”가 더 바람직합니다.

⑤ **시한이 명확할 것**(Timely)

목표로 잡은 일을 언제 시작하고 언제까지 끝낼 것인지를 명확히 해야 합니다. 경제학자 파킨슨(N. Parkinson)은 시간이 많다고 해서 더 좋은 성과가 나오는 것은 아니라는 사실을 밝힌 바 있습니다. 실제로, 숙제할 시간을 두세 달 주나 일 주일 주나 결과는 비슷한 경우가 많습니다. 늘 “해야지, 해야지.” 하고 지내지만, 대부분의 경우 실제 일하는 시간은 마감 시한 직전의 며칠이나 몇 시간에 지나지 않습니다. 이를 ‘데드라인 신드롬’이라 하지요. 목표를 세울 때는 약간의 긴장감을 줄 정도로 팽팽한 시한 설정과 관리가 필요합니다.

그럼 이제, 이러한 ‘SMART 원칙’에 따라 한 주일 동안의 생활 목표를 세워 볼까요?

제목을 정할 때는 글의 전체 분량을 염두에 두어야 합니다. '나의 인생'과 '즐거운 체육 시간'이라는 제목을 예로 들어 볼까요? '나의 인생'은 책 한 권 분량의 글에 붙여도 좋을 제목입니다. 하지만, 1000자 정도의 짧은 글에 달기에는 너무 거창하지요. 제목이 지나치게 넓고 모호해서, 글이 '인생이란 이런 것이다'식의 뻔한 내용으로 흐르기 쉽습니다.

반면, '즐거운 체육 시간'은 짧은 수필 제목으로는 적당합니다. 그러나 이 제목으로 책 한 권을 쓴다면 어떨까요? 쓰기도 막막하고 읽기도 지루한 글이 되기 십상입니다. 나의 생활도 마찬가지입니다. '바르고 멋진 사람이 되자!'는 문구는, 일생의 목표로는 적당합니다. 그러나 오늘 하루의 목표로 삼기에는 알맞지 않습니다. 바르고 멋진 사람이 되려면 어떻게 해야 하는지 막막하니까요.

반면, '염상섭의『삼대』다 읽는 날'이라는 문구는 어떨까요? 일생의 목표는 될 수 없지만, 하루의 목표를 가늠하는 데는 더없이 좋습니다.

이처럼, 하루하루의 생활 목표는 구체적이고 명료해야 합니다. 짧은 수필에 제목을 붙이는 것처럼 말이지요.

그럼, 오늘 하루의 제목을 붙여 볼까요? 오늘에 대한 수필을 쓴다고 생각해 보세요. 그리고 그 글의 제목을 다는 느낌으로 오늘의 주제를 정해 보세요.

인생을 책에 비유한다면, 인생 전체는 한 권의 책, 10년은 각 장, 1년은 장마다의 꼭지들, 그리고 한 달은 그 꼭지들 속의 각 단락이라 할 수 있겠지요. 그리고 하루는 소단락이고요.

내 인생을 한 권의 책이라 생각하고 제목을 붙이면 어떻게 될까요?

내 인생을 다룰 책의 제목은? _____

1~12세 시기를 다룬 1장의 제목은? _____

1318 시기를 다룬 2장의 제목은? _____

2장 각 꼭지의 제목을 붙여 보세요.

첫 번째 꼭지(13세) : _____

두 번째 꼭지(14세) : _____

세 번째 꼭지(15세) : _____

네 번째 꼭지(16세) : _____

다섯 번째 꼭지(17세) : _____

여섯 번째 꼭지(18세) : _____

지금 쓰고 있는(살고 있는) 꼭지에서 한 단락의 제목, 곧 이 달의 제목을 붙인다면? _____
_____

지금 쓰고 있는(살고 있는) 소단락의 제목, 곧 오늘 하루의 제목을 붙인다면?
_____
_____

SMART 목표 짜기

앞에서 배운 SMART 원칙에 맞추어, 오늘 하루의 목표를 짜 볼까요? 아래 표에 오늘 하루 해야 할 일을 구체적으로 적어 보세요.

무엇을	언제	어디서	얼마나	어떻게	비고
예 도덕 숙제	오후 6시~8시	학교 도서관	과제 토론과 정리까지	친구들과 과제 분담 토론, 정리	

승자와 패자

승자는 패자보다 더 열심히 일하지만 시간에 여유가 있고,
패자는 승자보다 게으르지만 늘 '바쁘다, 바쁘다'라고 말한다.

승자의 하루는 25시간이고, 패자의 하루는 23시간이다.

승자는 열심히 일하고 열심히 놀고 열심히 쉰다.
패자는 허겁지겁 일하고 빈둥빈둥 놀고 흐지부지 쉰다.

승자는 시간을 관리하며 살고, 패자는 시간을 끌며 산다.
승자는 시간을 붙잡고 달리며, 패자는 시간에 쫓겨서 달린다.

— 유성은 · 유미현, 『청소년이 꼭 알아야 할 시간관리와 공부방법』에서

11
습관 길들이기
지금 하는 거야!

목표 따로, 생활 따로

"꿈은 아주 좋아. 그런데 생활은……."
"계획은 늘상 좋지. 그러면 뭐해. 하지를 않는걸!"

부모님과 선생님이 흔히 하시는 말씀입니다. 생활이 영 알차지 못한 사람도
튼실한 사람들 못잖게 훌륭한 계획과 목표를 갖고 있는 경우가 많습니다. 그런
데 왜 어떤 사람은 성공하고 어떤 이는 실패의 길을 걷게 될까요?

하루하루를 알차게 살지 못하고 후회하는 사람들은 대개 '목표 따로, 생활
따로'입니다. 이들에게 목표와 계획은 희망이 아니라 '실패 증명서'에 지나지
않습니다. 늘 목표로부터 너무 멀어져 있다는 사실을, 그리고 지금 나는 여기에

주저앉고 말았다는 현실만을 확인시켜 줄 뿐이니까요.

'구슬이 서 말이라도 꿰어야 보배'라는 말이 있습니다. 높은 포부와 뛰어난 재주를 가지고 있어도 생활 속에서 이를 잘 꾸리지 못한다면, 꿈만 큰 허풍선이에 지나지 않습니다. 나에게는 내가 지닌 '서 말의 구슬' 같은 능력을 보배로 꿰어 주는 '실'이 필요합니다.

그 실은 무엇일까요? 바로 하루하루를 '나의 인생'으로 꿰어 주는 내 생활 습관입니다. 어떻게 해야 건강하고 바람직한 생활 습관이라는 실을 얻을 수 있을까요?

중요한 것을 먼저 하자

할 일이 너무 많으면 아무것도 못하는 법입니다. 마치 도로에 너무 많은 차들이 모여들면 길이 막혀 버리듯이 말입니다. 해야 할 일이 머릿속에 가득 얽혀 있으면 일하는 데보다 고민하는 데 시간을 더 많이 들이게 되지요.

먼저, 내가 해야 할 일들을 종이에 죽 적어 보세요. 그리고 무슨 일부터, 어떻게 해 나갈지 차근차근 정리해 보세요.

학교나 회사에서 아침에 조회를 하는 이유도 여기에 있습니다. 일과를 시작하기 전에 그날 해야 할 일들을 먼저 '교통정리'해 놓으면 훨씬 능률이 오르니까요.

'짧고 굵게'보다 '가늘고 모질게'

완성도 높은 생활은 '짧고 굵지' 않습니다. 오히려 '가늘고 모진' 쪽이지요. 꾸준히 발전해 가는 모습, 그게 중요합니다. 박학하기로 유명한 철학자 칸트(Immanuel Kant)의 생활을 예로 들어 볼까요?

새벽 4시 55분, 하인이 '일어나실 시간입니다.' 하고 칸트를 깨웁니다. 5시, 기상. 홍차 두 잔을 마시고 파이프 담배를 피웁니다. 잠옷, 덧신, 수면용 모자를 쓴 채 강의 준비를 합니다. 7시~9시, 정장으로 갈아입고 강의를 합니다. 9시 ~12시 45분, 실내복으로 갈아입고 집필을 합니다. 12시 45분, 점심시간에 초대한 손님들을 작업실에서 맞습니다. 다시 정장 차림. 오후 1시~3시 30분, 점심시간이자 하루 중 유일한 식사 시간. 오랜 시간 손님들과 대화를 나누며 식사를 합니다. 오후 3시 30분, 산책을 갑니다. 비가 오거나 눈이 오거나 변함이 없어서 마을 사람들은 칸트가 산책 가는 것을 보고 시계를 맞출 정도였습니다. 저녁에는 여행기 같은 가벼운 책을 읽습니다. 오후 10시, 절대적 안정 속에 잠자리에 듭니다.

하루 일과 중 칸트가 연구하는 데 쓴 시간은 세 시간 남짓밖에 되지 않습니다. 하지만 그는 이 생활을 평생 한결같이 반복했지요. 그가 생전에 했던 강의는 지리학, 수학, 생물학, 천문학 등 당시 생각할 수 있었던 모든 학문이었습니다. 더구나 그는 역사상 가장 치밀하고도 방대한 사상을 남긴 철학자였습니다.

하루 10시간 치열하게 매달리고 나머지 날을 쉬는 것보다 하루 1시간씩 '즐기듯' 자신의 일을 열흘 동안 하는 것, 그게 진정 자신을 '업그레이드'시키는 생활입니다. 거북이가 날랜 토끼를 이길 수 있었던 것도 이 꾸준함 때문입니다.

몰아서 하는 즐거움 – 중단 신드롬 피하기

좋은 습관을 들이기 위해서는 꾸준한 것이 중요하지만, 몰아서 해치우는 것도 중요합니다. 무슨 말이냐고요?

공부를 열심히 하다가도 걸려 온 전화를 받고 오면, 다시 몰입할 때까지 꽤 시간이 걸립니다. 잘 뛰다가도 급한 볼일로 화장실을 다녀오면 몸이 식어 버려 다시 뛰기 싫어집니다. 경제학자 노구치유키오(野口修紀雄) 같은 사람들이 '중단 신드롬'이라 말하는 현상이지요.

작가들이 연락을 모두 끊고 작품에 몰두하는 것처럼, 하루 중 무엇엔가 몰두할 수 있는 시간을 찾아보세요. 그리고 친구에게 전화하기, 사소한 심부름, 준비물 사기 같은 일들은 메모해 두었다가 일정한 시간에 몰아서 한꺼번에 처리하세요. 컴퓨터만 메모리 청소가 필요한 게 아니랍니다. 때때로 두뇌의 '메모리 청소'를 해야 합니다. 해야 할 일들을 늘어놓은 채 계속 신경 쓰지 말고, 일정한 시간 안에 몰아 놓아 한꺼번에 처리하도록 해 봅시다. 우리 두뇌가 지금 해야 할 일에만 '메모리'를 집중하도록 말이지요.

계획은 운명이 아니다

옛날 전투에서 전열과 진형은 승패를 결정짓는 중요한 요소였답니다. 일단 진형이 무너지면 아무리 뛰어난 전사들이라도 똘똘 뭉쳐 쳐들어오는 적 앞에 속수무책이었으니까요. 대형이 흐트러지면, 재빨리 전열을 가다듬어야 합니다. 무너진 대열 그대로 있다가는 전멸할 수도 있거든요.

계획도 마찬가지입니다. 의도대로 착착 진행되는 계획이란 거의 없습니다. 일단 계획이 어그러졌다면 재빨리 수정해야 합니다. 어그러진 계획은 남은 생활 전체를 망가뜨립니다. 뭔가 뜻대로 되지 않는다는 초조감과 안타까움을 주면서, 일하는 시간보다 고민하는 시간을 더 많게 만들기 때문입니다.

계획은 운명이 아닙니다. 일이 뜻대로 진행되지 않고 있다면 빨리 수정하십시오. 그러지 않으면 '계획 따로, 생활 따로'인 삶이 계속될 것이고, 생활 계획은 스트레스만을 안겨 줄 거예요. 이렇게 계획을 상황에 맞추어 수정해 나가다 보면, 언젠가는 처음부터 자신의 리듬에 꼭 맞는 생활 계획을 짤 수 있게 되겠지요. 자신과 계획의 '궁합 맞추기', 습관 길들이기의 첫걸음 아닐까요?

습관은 쉽게 바뀌지 않습니다. 굳은 결심도 잠깐, 곧 본래의 나로 돌아와 버리곤 합니다. 작심삼일이 괜히 나온 말은 아니지요. 습관이나 생활 태도가 바뀌는 데는 최소한 2, 3주가 걸린다고 학자들은 말합니다. 꾸준히, 지속적으로 해야 바람직한 습관이 몸에 배게 되는 거지요.

모르는 길을 가려면 지도가 필요하듯, 새로운 생활 태도를 몸에 붙이려면 그에 걸맞은 생활 계획이 필요합니다. 꾸준하게 실천할 수 있는 생활 계획, 어떻게 세울까요?

1 단계 : 교통정리

먼저 목표가 분명해야 합니다. 해야 할 일들을 분명히 하기 위해 한 주 단위로 계획을 잡아 봅시다. 먼저, 이번 주에 해야 할 일을 죽 적어 보세요.

이번 주에 해야 할 일 _____

_____

_____

_____

_____

해야 할 일에는 숙제, 시험과 같이 '급히, 꼭 해야 할 일'과, 운동이나 언어, 수학 공부같이 '꾸준히 해야 할 일'이 있습니다. 그것을 나누어 적어 보세요.

급히, 꼭 해야 할 일	꾸준히 해야 할 일

또, 전화 걸기, 물건 사기, 게임하기 같은, 신경이 크게 쓰이지는 않지만 자잘한 일들도 있답니다. 이런 일들을 죽 적어 보세요.

자잘한 일 _____

_____

_____

_____

_____

2단계 : 비우고 버리기

계획을 세우다 보면 어느 순간 내가 슈퍼맨이 되어야 함을 발견하게 됩니다.

"수학 문제를 하루에 20개 풀어야지. 하루에 한 시간씩 운동도 해야 하구, 영어 공부도 두 시간씩은 해야 할 거야. 목요일에는 친구들하고 축구하기로 했고……"

해야 할 일들을 죄다 나열하다 보면 도저히 할 수 없을 정도로 일이 산더미같이 쌓이게 되고 말지요. 한 주 동안 활용할 수 있는 시간부터 먼저 파악해 보세요. 내가 자유롭게 쓸 수 있는 시간은 얼마나 되나요?

3단계 : 우선순위 정하기

해야 할 일은 많은데 시간은 그만큼 없다면, 옥석을 가려야 합니다. 중요한 일은 하고, 그렇지 않은 것은 포기해야죠. 숙제, 시험 같은 급한 일만큼이나 운동, 어학 공부같이 꾸준히 해야 할 일들에 넉넉히 시간을 할애해야 합니다. 기초가 튼튼한 사람은 당장 시험이 닥쳐도 별 어려움 없이 해내지만, 늘 눈앞의 목표만 보고 헐떡거리며 뛰어온 사람은 바로 무너지기 때문입니다. 그럼, 앞에 적은 것을 가지고 일의 우선순위를 정해 볼까요?

예 해야 할 일의 우선순위 정하기

순위	무엇을	언제	어디서	얼마나	어떻게	급한 일/꾸준히 해야 할 일
1	도덕 숙제	오후 6시~8시	학교 도서관	과제 토론 정리까지	친구들과 과제 분담 토론, 정리	급한 일
2	운동	오후 4시~5시	운동장	30분	운동장 뛰기	꾸준히 해야 할 일
3						
4						
5						

이번 주에 해야 할 일들을 가지고 우선순위를 정해 보세요.

순위	무엇을	언제	어디서	얼마나	어떻게	급한 일/꾸준히 해야 할 일

우선순위를 정했으면, 이제 다음과 같이 한 주간의 계획을 짜 봅시다.

시간	월(일)	화(일)	수(일)	목(일)	금(일)	토(일)	일(일)
기상~8:00							
특기 사항(약속, 숙제, 해야 할 일)							

조금 쉬었다 가자

열심히 하는데도 결과가 생각만큼 안 나온다면, 그것만큼 맥빠지는 일도 없습니다. 꾸준히 열심히 새로운 생활 습관을 익히더라도, 누구나 플래토(plateau)와 슬럼프(slump)라는 두 가지 장벽에 부딪히게 됩니다.

플래토란 새로운 습관이 정착하는 단계에서 나타나는 현상입니다. 생활이 지루하고 따분한 느낌이 들고, 피곤하며 흥미도 없어지지요. 꾸준히 발전하다가 어느 순간 한계에 이르러 더 이상 나아가기가 힘든 경우에 나타나는 현상입니다.

반면, 슬럼프는 새 습관에 맞춰 잘 생활하던 사람이 갑자기 침체 상태에 빠지는 것을 말합니다.

왜 플래토나 슬럼프에 빠지곤 할까요? 심리학자들은 내 몸이 나에게 "이제 그만 쉬어." 하고 신호를 보내는 것이라고 합니다. 많이 지쳐 있으니 쉬라는 것이지요. 실제로 플래토나 슬럼프에 빠져 있다면, 숨통이 트이게 얼마간 여유를 찾아보는 것도 좋답니다.

"공부해라."

"공부해서 남 주니?"

"그렇게 컴퓨터만 하고 공부 안 하면서 뭐가 될래?"

"매사 그딴 식이니 성적이 오를 리 있나!"

공부, 공부, 공부……, 아침부터 저녁까지 공부에 대한 잔소리와 스트레스는 떠날 줄 모릅니다. 늘 해야지, 해야지 하면서도 책상 앞에 앉기 힘들고, 엉덩이 붙이고 앉아 있어도 딴 생각이 끊이질 않습니다.

나도 공부 잘하고 싶고 열심히 하고 싶습니다. 그렇지만 몸도 마음도 따라 주지 않습니다. 어떻게 하면 공부에 마음을 붙일 수 있을까요? 성적을 쑥쑥 올려서 주변 사람들을 기쁘게 할 수 있는 방법은 없을까요?

공부가 하기 싫은 원인을 캐내라

"마음이 늘 산만하고 딴 생각만 나요."
"공부한 만큼 성적이 오르지 않네요."
"게임하는 시간을 줄이고 싶은데 쉽지 않아요."

누구나 하는 고민들입니다. 고민은 질병과 같습니다. 병에 걸리면 몸이 아프
듯, 생활에 문제가 있으면 머리가 복잡해지지요. 몸의 고통을 없애려면 병을 고
쳐야 합니다. 마찬가지로 고민을 없애려면 그 근원이 되는 문제를 뿌리뽑아야
지요.

질병 치료에는 대증요법이란 게 있습니다. 열이 오르면 해열제를 먹이고 배
가 아프면 소화제를 먹이는 식으로, 나타난 증상을 없애는 데 집중하는 치료법
을 말합니다.

대증요법은 증상을 없애 주기에 효과가 빠른 것 같지만, 사실 병을 더 악화
시킬 수도 있습니다. 왜냐고요? 열이 오르는 이유가 폐에 결핵균이 있기 때문
이라면 어떨까요? 해열제는 잠깐 체온을 떨어뜨릴 수는 있어도 병세는 더욱
나빠질 테지요. 병을 고치려면 결국 병의 근원을 정확히 밝혀서 '원인 치료'를
하지 않으면 안 됩니다.

공부 고민을 없애는 일도 똑같습니다. 공부가 잘 안 되는 이유는 어디에 있
나요? 열심히 하는데도 성적이 오르지 않는 이유는 어디 있을까요?

학생들은 흔히 그 원인을 다음과 같은 '증상'에서 찾습니다.

"잠이 너무 많아요."
"텔레비전을 너무 오래 봐요."

그러나 잠을 적게 자고 텔레비전을 덜 본다고 해서 공부가 갑자기 잘될까요? 오히려 하루 종일 졸거나 책상 앞에 앉아 딴 생각을 하고 있진 않나요?

공부가 안 되는 원인을 찾으려면 증상에 주목하지 말고 원인에 주목해야 합니다. 왜 잠이 많을까요? 혹시 친구한테 받는 스트레스가 많아서, 또는 체력이 약해서 그런 것은 아닌가요?

무엇 때문에 텔레비전을 많이 보나요? 뚜렷한 하루 계획이 없어서 빈둥거리다 보니 텔레비전을 많이 보게 되는 것은 아닐는지요?

공부는 머리로만 하는 것이 아닙니다. 체력, 좋은 인간관계, 의지력 같은 모든 요소가 조화를 이루어야 학업에 몰두할 수 있습니다. 내가 공부를 못하는 진짜 이유는 어디에 있을까요? 한 번 진단해 보세요.

정신의 변비 탈출! – 주변을 정리하자

'공부에는 왕도가 없다.'는 격언은 꾸준한 노력 없이 좋은 결과를 거둘 수 없다는 사실을 일깨워 줍니다. 그러나 노력만 한다고 되는 것은 아닙니다. 자신의 공부 방법의 근본적인 문제점을 밝혀서 '원인 치료'를 하고 자기한테 알맞은 학습법을 찾을 때 가장 좋은 결과를 얻을 수 있습니다. 이게 바로 '공부의 왕도'인 셈입니다. 그렇다면 그 길은 어떻게 찾을 수 있을까요?

먼저 주변부터 깨끗이 정리해 봅시다. 읽어야 할 책들, 학습지, 수리 맡겨야 할 전자 제품, 잡동사니들……. 정리되지 못하고 주변에 널린 이런 것들은 머릿속에도 남아 있어서 정신을 초조하게 만듭니다. 항상 부글거리면서 뱃속에 자리잡고 있는 불쾌한 변비처럼 말입니다.

공부하기에 앞서 먼저 책상과 방 안을 깨끗하게 정리해 보세요. 버릴 것은 버리고 치울 것은 치우고 나면 어느덧 정신이 맑아지는 것을 느낄 수 있을 것입니다. 정돈된 책상과 깨끗한 공간은 공부하고 싶은 의욕을 불러일으킵니다.

나아가, 해야 할 일과 하지 말아야 할 일, 하고 싶지만 할 수 없는 일을 명확히 구분해 보세요. 머릿속이 깔끔해져야 책에도 집중할 수 있는 법이랍니다.

시간제에서 할당제로

축구를 할 때는 수천 미터도 거뜬히 뛰어다닙니다. 공을 쫓는 재미에 빠져 몸의 피로도 잘 느끼지 못합니다. 그러나 축구한 시간만큼 운동장을 뛰어 보라고 하면 어떨까요? 뛰는 거리는 똑같더라도 훨씬 피곤하고 쉽게 지칩니다.

공부도 그렇습니다.

"오늘 6시간 공부할 테야."
"오늘은 「구운몽」을 다 읽어야지."

어느 쪽이 더 성공적일까요? 앞의 시간제는 시간 채우는 것 자체가 목적이 되어, 무엇을 공부했다는 것보다는 '견뎌 냈다'는 사실에서 만족감을 찾습니다. 반면, 뒤의 할당제는 목표치까지 끝내는 데 집중합니다.

뒤의 것이 축구를 하듯 공부하는 방법이라면, 앞의 것은 운동장 돌듯 학습하는 것이라 할 수 있겠지요. 시간보다 목표에 맞추어 계획을 세워 보세요. 차츰차츰 공부에 필요한 인내력과 지구력이 늘어날 것입니다.

여럿이 먹는 밥이 맛있다 – 사회 촉진자 효과

혼자보다 여럿이 하는 것이 힘도 덜 들고 재미있습니다. 100미터 달리기를 할 때 혼자 뛰는 것보다 같이 뛰는 게 결과가 좋은 것처럼 말입니다. 밥도 여럿이 먹으면 더 맛있지요. 공부도 마찬가지입니다. 혼자 하는 것보다 열심히 하는 친구들과 함께 모여서 하는 것이 더 효과적입니다. 집에서 공부할 수도 있는데 군이 도서관에 가서 공부하는 이유도 여기에 있습니다. 이것을 '사회 촉진자 효과'라고 하지요.

　그런데 좋은 사회 촉진자만 있는 것은 아닙니다. 나태하고 무능한 집단 속에 있다 보면 반대로 뛰어난 사람도 무더지기 십상입니다. 그래서 흔히 공부를 '팀 플레이'라고 합니다. 공부는 혼자 하는 것 같지만 사실 주변 또래 집단의 영향이 대단히 크다는 뜻입니다.

공부는 조금 어려운 게임일 뿐!

앞에서도 말했지만 '공부에는 왕도가 없다.'고 합니다. 학습에 있어서는 꾸준한 노력 없이 손쉽게 결과를 얻을 수 없다는 말이지요. 그러나 따지고 보면 공부 그 자체가 '왕도'입니다. 위대한 선인들은 공부를 결코 어쩔 수 없이 견디어야 하는 과정으로 여기지 않았습니다. 그들에게 공부는 스스로 마음을 가다듬고 인격을 닦는 과정이었을 뿐 아니라, 몰랐던 것을 알게 되는 즐거운 활동이었습니다. 이런 뜻에서 공부란 '자신과 다른 사람을 이끌 만한 식견과 인격을 갖추는 길', 말하자면 그것이 왕도인 셈입니다.

　공부는 사실 무척 즐거운 일입니다. 요새는 재미있는 컴퓨터 게임도 아주 복잡해서 두꺼운 매뉴얼을 통달하지 않고서는 제대로 하기 힘듭니다. 그렇지만 마니아들은, 게임은 재미있다고 생각하기 때문에 그것을 익힐 때까지 지루한 시간을 견디어 냅니다. 그러다가 마침내 능숙하게 즐기는 '경지'에 이르게 되는 것이지요.

　따지고 보면 공부도 조금 어려운 게임일 뿐입니다. 공부를 하고 나서 얻는 쾌감은 여느 오락에 비할 게 못됩니다. 아무리 재미있던 오락도 마치고 나면 왠지 허탈하고 짜증이 납니다. 하지만 공부는 이런 '부작용'이 없어요. 해냈다는 뿌듯함, 미래에 대한 자신감, 그리고 모르는 것을 알게 되었다는 기쁨도 느낄 수 있습니다. 그와 함께 마음이 차분해지며 모든 일에 여유가 생깁니다. 게다가 덤으로, 내가 더 알아야 할 넓은 지적 세계가 있다는 사실도 알게 되지요.

공부는 정말로 즐겁고 유익한 활동입니다. 인간만이 누릴 수 있는 최고의 기쁨이기도 합니다. 억지로 견딘다고 생각지 말고 '맛을 느끼기까지 과정이 조금 어려운 게임'으로 여기고 공부해 보세요. 그러면 성적뿐 아니라 의지력, 인내심, 자기 관리 능력, 인간관계 등 자신의 모든 측면이 나아짐을 느낄 수 있을 것입니다.

공부가 안 되는 이유에는 여러 가지가 있습니다. 잠을 많이 자서, 컴퓨터 게임을 좋아해서, 딴 생각을 자꾸 해서, 친구들과 어울려 노느라고, 기초 학력이 없어서, 목표 의식이 없어서, …….

안 되는 공부를 잘 되게 하려면 어떻게 해야 할까요? 병을 안은 채 건강해지길 바랄 수는 없습니다. 공부가 안 된다면, 그 원인을 밝혀서 드러내야죠. 학습 부진의 원인에는 표면에 드러난 것도 있지만, 내면 깊숙이 숨어 있는 것도 있답니다.

예를 들어 볼까요? '컴퓨터 게임을 많이 한다.'는 사실은 공부를 못하는 표면적 원인입니다. 컴퓨터 게임을 끊고 나서 공부에 몰두하게 될 수도 있습니다. 하지만, 게임을 그만두어도 여전히 공부가 잘 안 되는 경우도 많습니다. 이때는 컴퓨터 게임에 몰두하게 된 원인을 또다시 밝혀야 합니다. 예컨대, 스트레스를 많이 받아서, 책을 보는 것 자체가 너무 지겨워서 같은 이유로 게임에 빠져들었다면, 이제 그 원인을 드러내고 없애야 합니다.

자, 그러면 나의 학습 문제를 근본적으로 '치료'해 볼까요?

📖 학습 클리닉

문제점	표면적 대처	근본 원인	원인 치료
게임을 너무 좋아한다.	게임을 줄인다.	심심하지만 공부하기는 싫다.	흥미를 끌 만한 과목부터 공부한다.
잠이 많다.	잠을 줄인다.	체력이 약하다.	식사를 거르지 않고, 꾸준히 무리하지 않게 운동한다.

나의 학습 클리닉

문제점	표면적 대처	근본 원인	원인 치료

100미터 달리기에서는 혼자 뛸 때보다 같이 뛸 때가 더 기록이 좋다고 앞에서 말했습니다. 그러나 늘상 그렇지는 않아요. 나보다 훨씬 빠른 친구와 같이 뛰면 아예 뛸 맛이 안 납니다. 또 너무 느린 친구와 뛰어도 쉽게 지치지요.

공부도 그렇답니다. 나의 학습 문제를 가장 잘 알 수 있는 자료는, 나처럼 공부하는 친구입니다. 나와 비슷한 학습 습관을 가진 친구와 짝을 지어 보세요. 상대방의 문제점을 분석하고, 서로 설명해 줍니다. 무엇이 내 문제점이었나요?

친구 _____ 이(가) 볼 때 나의 문제점은_____

_____

_____

_____

_____

_____

_____

_____

_____

_____

_____

_____

"게임할 때처럼 공부하면 일등 하지!"

부모님이 흔히 하시는 말씀입니다. 게임은 중독성이 강합니다. 그런데 사람은 술이나 담배, 마약 같은 나쁜 것에만 중독되는 것은 아닙니다. 독서나 운동 같은 바람직한 것에도 중독된 사람들이 꽤 있습니다.

비가 오나 눈이 오나 안 뛰고는 못 배기는 러닝족들, 활자를 안 보고 있으면 마음이 불안해지는 독서광들……. 미국의 정신과 의사인 윌리엄 글래서(W. Glasser) 박사는 이런 것을 '긍정적 중독'이라 말합니다.

그는 긍정적 중독에 빠지는 일에는 다음과 같은 특성이 있다고 주장합니다.

첫째, 남과 경쟁하는 일은 긍정적 중독에 잘 빠지지 않습니다. 혼자 즐겁게 한 시간 정도 할 수 있는 일이면 좋겠지요.

둘째, 정신적 부담을 크게 느끼지 않는 일이어야 합니다.

셋째, 다른 사람의 도움이 필요 없는 것이어야 합니다.

넷째, 스스로 가치 있다고 느끼는 활동이어야 합니다.

다섯째, 향상되었음을 자신이 직접 느낄 수 있는 것이어야 합니다.

여섯째, 못했다고 해도 죄책감이 들지 않는 활동이어야 합니다.

마라톤, 인라인 스케이트 타기, 독서 같은 것들은 모두 이런 특성을 갖고 있습니다. 그렇다면 혹시 공부에도 중독되는 방법은 없을까요?

13 감정 다스리기
성인군자로 가는 길

감정의 늪에서 탈출하기

삼국지연의의 주인공인 유비는 무골호인형의 영웅입니다. 하지만 유비도 격정에 휩싸여 큰 실수를 저지른 적이 있습니다. 도원결의로 형제를 맺은 아우 관우가 죽자 그만 이성을 잃고 오나라에 복수할 것을 결심한 것입니다.

"우리에게는 지금 조조의 위나라가 더 큰 위협입니다. 고정하시고, 오와 손을 잡아야 위에 대항할 수 있습니다."

이렇게 제갈량, 조자룡 등 수하 참모와 장군들이 애써 말렸지만, 이미 이성을 잃은 유비의 귀에는 아무것도 들리지 않습니다. 군사들에게 모두 상복을 입히고 결전장으로 향하는 유비, 그에게 또다른 비극이 전해집니다. 분개해서 날

뛰던 장비까지도 살해되었다는 소식이지요. 부하들이, 흥분한 장비가 자기들마저 죽일까 두려워서 그만 일을 저지르고 만 것입니다. 이에 유비는 더욱 흥분해서 오나라로 쳐들어갑니다. 그리고 제갈량의 말대로 크게 패하고 맙니다. 유비가 이끌던 촉나라는 이 일로 결정적인 타격을 입게 되지요.

유비는 형이기 전에 한 나라의 군주였습니다. 형제를 잃은 슬픔이 아무리 컸다 해도 냉철하게 국익을 계산할 수 있어야 했습니다.

이처럼 나도 감정에 휩싸여 일을 크게 그르친 적은 없는지요? 조금만 참으면 될 것을 너무 심한 말을 해서 친구와 사이가 돌이킬 수 없게 어그러지고 만 경우는 없나요? 상대방 말에 화가 난 나머지 몇 날 며칠을 고민하느라 생활이 엉망이 된 적은 없었나요?

성인군자들은 부정적이고 급한 욕구와 감정을 극복하는 것을 인생 최대의 목표로 삼았습니다. 공자의 '극기복례(克己復禮)'는 '나를 이기고 예의를 갖추라'는 뜻입니다. '이슬람'은 '신에게 복종하다'란 뜻이랍니다. 자기를 이기고 신의 뜻에 따라 평안과 용서를 추구하라는 가르침이지요.

그렇지만 우리는 하루에도 몇 번씩 크게 화를 내고 짜증을 냅니다. 어느 때는 너무 우울해 '귀차니즘'에 빠지곤 합니다. 어떻게 하면 감정의 늪에 빠지지 않고 성인군자들처럼 평화를 얻을 수 있을까요?

내 탓과 네 탓 – 문제의 근원 가리기

마음을 뒤흔드는 일이 있으면, 흥분하기 전에 먼저 차분히 생각해 봅시다. 다음 상황을 볼까요?

점심시간에 숙제를 하다가 일어난 일이에요. 쓰다가 고칠 내용이 생겼는데, 마침 지우개를 안 가지고 왔지 뭐예요? 그래서 짝인 혜교에게 부탁했어요.

"혜교야, 지우개 좀 빌려줘."

그런데 혜교는 날 쳐다보지도 않는 거예요. 그 순간 무안했지만 꾹 참았답니다. 혹시 못 들었는가 싶어서 다시 물었습니다. 그러자 혜교가 갑자기 버럭 화를 내잖아요.

"너는 지우개도 안 가지고 다니니? 그렇게 칠칠찮으니 공부도 못하지. 지우개는 뭐하러 빌려? 고치면 뭐 달라질 것 같아? 그 실력으로 지우개 빌리는 게 창피하지도 않냐?"

저는 그만 얼굴이 빨개져서 교실을 뛰쳐나와 버렸어요.

무척이나 화나고 당혹스러운 상황입니다. 그러나 이 경우, 먼저 냉철하게 문제의 근원을 밝히는 훈련이 필요합니다. 요컨대, 화를 내기 전에 먼저 내 탓인지 네 탓인지를 가려 보세요.

위 상황에서 문제는 친구에게 있었나요, 나에게 있었나요? 혹시 내가 친구에게 잘못한 점은 없었는지 곰곰이 생각해 봅시다.

만약 없었다면, 그때 친구에게 무척 기분 나쁜 일이 있었거나, 본디 성격이 그런 사람일 가능성이 큽니다. 친구에게 기분 나쁜 일이 있었다거나 그 아이 성품에 문제가 있다거나 하는 것은 내가 책임져야 하는 부분이 아닙니다. 나는 그냥 '재수가 없었을 뿐'입니다. 길 가다 돌부리에 걸려 넘어진 것과 똑같은 상황이지요. 그러니 한순간 기분이 나쁠 수는 있어도, 그 상황에 대해 당혹스러워하거나 화를 낼 이유는 전혀 없습니다. 그건 상대방의 문제일 뿐이니까요.

우리 주변에서는 이런 일들이 무척 많이 일어납니다. 불쾌한 상황이 닥칠 때마다, 문제의 원인이 누구한테 있는지 재빨리 가려 보세요. 상대방에게 문제가 있고, 더구나 내가 어찌할 수 없는 부분이라면, '이건 내 탓이 아니야. 난 재수가 없었을 뿐이야. 잊어버리자.' 하고 마음속으로 외쳐 보세요.

나의 바람을 분명히 하기

물론 아무리 상대방의 잘못이라 해도, 앞과 같은 상황에 부닥치면 당황스럽고 화가 나기 마련입니다. 그러면, 그 상황에서 내가 무엇을 바라는지를 먼저 명확히 해 보세요.

먼저, 친구에게 사과받는 것을 생각해 볼 수 있습니다. 상황을 보건대, 미안하다는 말을 들으려면 한참 논쟁을 해야 할 수도 있습니다. 그런데 과연 목소리 높여 언쟁을 하며 보내는 시간이 그만한 가치가 있을까요?

둘째, 본래의 목적을 다시금 생각해 보세요. 내가 짝에게 말을 건 이유는 지우개를 빌리기 위해서였습니다. 그런데 나는 지우개를 빌렸나요? 논쟁을 벌이고 나면 그 아이에게 지우개를 빌리고 싶은 생각이 들까요?

목적이 흐려지면, 화를 내고 소리 높여 싸우더라도 문제가 해결되기는커녕 더 화가 나고 상처만 더더욱 깊어집니다. 서로 감정의 늪에 빠져 버려 말꼬리를 잡느라 논쟁만 한없이 길어질 뿐입니다.

화가 나려 한다면 마음을 가다듬어 봅시다.

"문제의 근원은 누구한테 있을까?"
"나는 화를 냄으로써 무엇을 얻으려고 하나?"

'혼신을 다해 네 일을 하라. 그러나 그 결과에 대해서는 초연하라.'

스토아 철학자들의 격언입니다.

우리는 쓸데없는 걱정을 너무 많이 합니다. 예컨대, '갑자기 부모님이 교통사고를 당하면 어떡하지?', '내일 비가 와서 소풍이 취소되면 큰일인데…….' 식으로 말입니다. 이런 걱정은 아무리 해 봐야 소용이 없습니다. 고민해 봐도 우연에 맞서 내가 할 수 있는 일은 없으니까요. 머리만 아플 뿐입니다. 그래서 스토아 철학자들은 말합니다. 내가 할 수 있는 일에만 신경 쓰고, 그 밖의 일은 신의 뜻에 맡기라고요. 시험 공부를 열심히 할 수는 있지만, 붙고 떨어지고는 내가 어찌할 수 있는 부분이 아닙니다. 여자 친구의 마음을 사기 위해 갖은 노력을 다할 수는 있지만, 그녀의 마음을 내가 어쩔 수는 없습니다.

인간관계에서 받는 상처도 마찬가지입니다.

"난 지금 너하고 전혀 얘기하고 싶지 않아."

이 말을 듣고 무척 기분이 나빴는데, 알고 보니 바로 전에 그 사람이 중요한 물건을 잃어버렸다더군요.

이처럼 내가 어쩔 수 없는 상대방의 문제 때문에 감정이 불편해졌다면, 내가 화를 낼 이유가 없습니다. 그 사람 문제일 뿐이니까요. 반면에 내가 잘못했고 고칠 수 있는 것이라면 어떻게 할까요? 당연히 고쳐야겠지요.

어떻게 할 수 있는 일과 어찌할 수 없는 일, 내 탓과 네 탓. 이 두 가지만 구별지어도 세상의 많은 갈등과 고민은 사라집니다. 그럼, 다음 문제가 내 탓인지 네 탓인지, 내가 노력해서 바꿀 수 있는 일인지 아닌지를 가려 볼까요?

수업 시간에 발표를 하다가 그만 실수를 했습니다. 내 뒤의 친구가 너무 웃어서 기분이 나빴습니다.

(노력해서 바꿀 수 있는 일 / 노력해도 소용 없는 일, 내 탓 / 네 탓)

어머니는 두통이 심하세요. 언젠가 준비물을 집에 놓고 학교에 간 적이 있답니다. 그래서 도중에 돌아왔는데 어머니가 무척 화를 내시는 거예요. 하필 그때 어머니가 머리가 아프실 줄이야!

(노력해서 바꿀 수 있는 일 / 노력해도 소용 없는 일, 내 탓 / 네 탓)

화장실에서 어떤 아저씨가 담배를 피우고 있었어요. 금연 장소인 데 너무한 거 아니에요?

(노력해서 바꿀 수 있는 일 / 노력해도 소용 없는 일, 내 탓 / 네 탓)

나만의 파라다이스

상상은 고통스러운 현실을 이겨 낼 수 있는 힘을 주곤 합니다. 말하자면 '상상 진통제'인 셈이지요. '젖과 꿀이 흐르는 땅', '사막 한가운데 있는 푸른 정원', ……. 탄압받던 사람들은 이처럼 그네들의 종교가 가르친 파라다이스를 떠올리며 위안을 찾곤 했습니다.

이렇게 거창하지는 않더라도, '나만의 파라다이스'를 만들어 보면 어떨까요?

나만의 파라다이스를 만드는 일은 하나도 어렵지 않습니다. 눈을 감고 머릿속에 섬을 하나 떠올려 보세요. 그리고 그 섬을 자기가 원하는 모든 것들로 채워 놓습니다. 내 상상을 가지고 누가 뭐라 할 수도 없으니 마음껏 꾸며 보세요.

그리고 피곤하고 힘들 때, 눈을 감고 머릿속에 있는 '나만의 파라다이스'로 들어가 보세요. 음식을 떠올리면 입에 침이 돌듯, 아주 편안한 장소를 떠올리면 몸도 마음도 평안해진답니다.

나만의 파라다이스를 설명해 봅시다.

_____

_____

_____

_____

_____

_____

_____

_____

나만의 파라다이스를 그려 봅시다.

가끔은 이렇게 기도해 보자

"신이시여, 저에게 변화시킬 수 있는 것들을 변화시킬 수 있는 용기를 주시옵소서. 제 힘으로 변화시킬 수 없는 것들을 받아들일 수 있는 담대함도 주시옵소서. 그리고 그 차이를 구별해 내는 지혜도 주시옵소서."

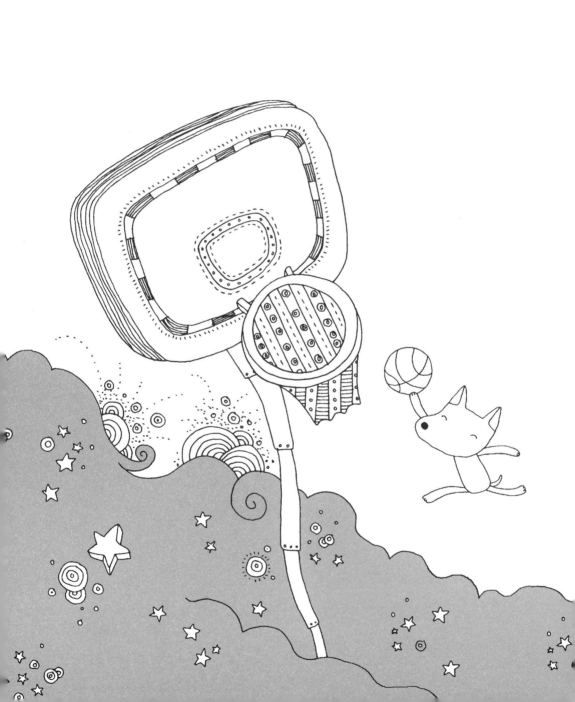

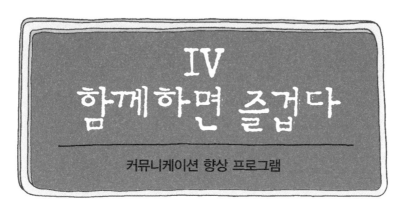

IV
함께하면 즐겁다

커뮤니케이션 향상 프로그램

맘에 드는 친구한테 나도 좋은 친구가 되고 싶어요.
가족들한테 자꾸 무뚝뚝하게 굴게 돼요.
진심은 그게 아닌데…….

14 오해 없애기
미운 아이 떡 하나 더 주는 이유

롤플레잉 게임에서 승리하기

수많은 게이머와 캐릭터들이 얽히고설켜 스토리를 엮어 가는 롤플레잉 게임. 친한 게이머들끼리 모여 길드를 만들기도 하고, 이해가 엇갈리면 상대 패거리를 공격하기도 합니다.

같은 길드에 있다 해도 마음이 모두 맞지는 않습니다. 어떤 게이머와는 채팅도 재밌고 함께 게임하는 게 즐겁지만, 어떤 캐릭터와는 같이 있다는 사실 자체가 부담스럽기도 하지요.

사실, 롤플레잉 게임은 우리 일상에 비하면 아주 단순한 게임에 지나지 않습니다. 여러 사람들과 만나서 살아가는 하루하루가 복잡하고 미묘한 롤플레잉 게임, 곧 '역할 놀이' 아닌가요? 친한 친구가 있고 공동의 관심사가 있습니다. 때로는 오해도 생기고 싫어하는 사람도 생기게 됩니다.

가장 큰 기쁨을 줄 수 있는 것이 반대로 가장 큰 상처를 남기기도 하지요. 사랑은 인생을 환하게 만들지만, 실연은 세상을 빛 하나 없는 암흑으로 만들어 버리는 것처럼 말이에요.

친구와 이성이 인생에서 가장 중요하게 여겨진다는 1318 시기. 사람들과 관계는 나에게 가장 큰 기쁨이자 커다란 고민이기도 합니다. 혹시 친구 사이가 한없이 꼬여 가고 있지는 않나요? 부모님하고 관계가 안 좋아서, 가슴에 커다란 구멍이 뚫려 있지는 않은지요?

게임이 풀리지 않을 때는 공략집이 큰 도움이 됩니다. 마찬가지로, 인간관계를 잘 풀어 나갈 수 있게 해 주는 매뉴얼이 있다면, 친구나 부모님과 꼬인 관계를 풀 만한 조언을 얻을 수 있겠지요. 자, 그럼 쉽게 꼬일 수 있는 인간관계를 풀어 갈 매뉴얼들을 하나씩 살펴보도록 할까요?

미운 아이 떡 하나 더 주기

평소에 신세를 많이 진 친구의 부탁은 쉽사리 거절하기 힘듭니다. 반면, '쟨 나를 맨날 이용해 먹어.' 하는 느낌이 드는 아이에게는 사소한 청도 뿌리쳐 버릴 수 있습니다.

이건 국가 사이에서도 마찬가지예요. 1999년 터키에서 대지진이 났을 때, 우리 국민들은 자발적으로 100만 달러나 모금을 해서 전달했답니다. IMF 외환위기 때라 나라 살림이 말이 아니었는데도 말이에요. 6·25전쟁 때 터키는 미국 다음으로 많은 군대를 보내 우리를 도와 주었던 나라입니다. 이에 '보은'을 한 셈이지요. 지금 터키와 우리나라는 '형제국'이라 할 정도로 서로 호감을 갖고 있습니다.

'받은 게 있으면 베푼다.' 사람들 사이에 지켜지고 있는 법칙과도 같은 믿음이랍니다.

약속 지키기, 작은 배려, 반갑게 인사하기, 도움 주기 같은 것은 상대방의 마음을 사는 방법입니다. 반면, 신뢰 깨뜨리기, 무시하기, 도움 뿌리치기 같은 것은 사람 사이의 정을 갉아먹지요.

내가 평소에 누군가에게 좋은 행동을 보여 주어 점수를 많이 따 놓았다면 어떨까요? 상대방은 내가 어지간한 잘못을 해도 쉽게 화를 내지 않을 터입니다. 하지만 점수를 많이 잃은 상태라면요? 별것 아닌 일에도 상대방은 버럭 소리를 지를지도 모릅니다.

만약 누구와 사이가 안 좋다면, 그와 관계를 원만하게 만들고 싶다면, 내가 먼저 호의를 베풀어 보세요. '미운 아이에게 떡 하나 더 준다.'는 옛말처럼 먼저 호감을 쌓아 가야 합니다.

그러면, 어떻게 해야 부모님이나 친구들에게 호감을 살 수 있을까요? 반대로 언짢은 감정을 불러오는 행동에는 어떤 게 있을까요?

거울 효과 - 웃는 얼굴에 침 못 뱉는다

나폴레옹은 언제나 당당하고 자신감에 넘쳤습니다.

"나의 사전에 불가능이란 없다."

실제로 나폴레옹은 이 말을 한 적이 없다고 합니다. 하지만 그는 언제나 자신감에 넘쳤고 이길 수 있다는 신념에 불탔습니다. 나폴레옹만큼 이 말이 어울리는 사람이 없을 정도로요. 그래서 그의 곁에 있던 병사들도 이길 수 있다는 확신을 가지고 싸웠다고 합니다.

'근묵자흑(近墨者黑)'이란 말이 있습니다. 검은색 옆에 가면 검게 물든다는 뜻입니다. 우울한 사람들과 같이 있으면 기분이 가라앉고, 활기찬 이들 곁에 있으면 기분이 '업'되는 것은 당연한 이치입니다.

밝고 쾌활하고 친근감 있게 사람들에게 다가가 보세요. 그러면 어느 순간, 사람들이 나를 친밀하게 대하고 있음을 느끼게 될 거예요. 무뚝뚝하고 시무룩하게 있으면, 어느덧 내 주변에는 그런 사람들만 모이고 친구들은 하나둘 멀어진답니다.

공격보다는 감정 표현을

사소한 말 한 마디가 큰 싸움을 불러오곤 합니다. 불편한 일이 있으면 상대에게 솔직하게 털어놓고 대화하는 게 좋답니다. 가슴에 묻고 있으면 감정이 곪아서 더욱 큰 골이 생기잖아요.

그렇다고 상대방을 공격해서는 안 돼요. 공격하지 말고, 내 감정을 표현하기만 하세요. 무슨 말이냐고요? 다음 말들을 비교해 보세요.

"이렇게 늦게 오면 어떡해? 넌 정말 구제불능이구나."
"이렇게 늦게 오면 우린 아주 당황스러워."

"몇 번을 말했니? 정리 좀 하라니까! 넌 손도 없어? 멍청하긴!"
"정리를 부탁했는데도 네가 하지 않으면, 내가 나머지 일을 다 해야 돼. 그러면 나는 몹시 피곤해지고 불편한 마음이 들어."

사람은 공격을 받으면 반사적으로 반격에 나서기 마련입니다. 설령 자기가 늦었고 잘못했다고 느끼고 있어도, 비난받는 순간 자신을 방어하려 하지요.

"넌 늦은 적 없어? 제 늦은 건 생각 못하면서……. 항상 밴댕이같이 저런다니까!"

　이런 식으로요. 그러면 서로를 공격하는 상황이 되어 두 사람은 크게 싸우게 됩니다. 공격하지 말고 자신의 감정을 표현하세요. 다음의 표현 공식이 도움이 될 거예요.

　나는 _____ 이(가) _____을 할 때면, 〈사실〉
_____하다는 느낌이 들어요. 〈감정〉
　나는 _____ 이(가) _____을 해 주었으면 해요. 〈요청〉

"이렇게 늦게 오면 어떡해? 넌 정말 구제불능이구나."

이렇게 말하는 대신, 다음과 같이 말해 보세요.

"네가 이렇게 늦게 올 때마다, 〈사실〉
나와 동아리 아이들이 모두 기다려야 하는데다가, 이야기할 시간도 짧아져서 많이 당황하게 돼. 〈감정〉
그러니 네가 좀더 빨리 와 주었으면 좋겠어. 〈요청〉"

어때요? 훨씬 부드럽지 않나요?

카르마 쌓기 놀이

불교 신도나 힌두교 신도들은 윤회를 믿습니다. 윤회란, 사람이 죽으면 새로운 생명으로 태어나는 것입니다. 생전에 얼마나 좋은 일을 했고 나쁜 행동을 했는지에 따라, 다음 생에서는 고귀한 지위의 사람으로 태어날 수도 있고 짐승으로 태어날 수도 있다는 겁니다.

살아가면서 쌓는 선행과 악행의 점수. 이것을 카르마, 곧 업보라고 합니다. 카르마 사상은 우리의 일상생활에도 그대로 적용할 수 있답니다.

내가 누군가에게 잘해 주었습니다. 그러면 나는 좋은 카르마를 쌓은 것입니다. 반면, 신경질을 내고 괴롭혔다면, 나쁜 카르마를 쌓은 것입니다.

행동 하나하나를 1점씩으로 쳐서 카르마 점수를 계산해 볼 수도 있지 않을까요? 물론 5점짜리 큰 선행도 있을 수 있겠지요.

나와 관계가 깊은 사람을 한 명 꼽아 봅시다. 그런 다음 그 사람과 내가 주고받은 카르마 점수를 계산해 보세요. 그리고나서 다른 친구들과 이야기해 봅시다. 누구의 카르마 점수가 가장 높은가요?

예 나는 오늘 동생과 카르마를 주고받았습니다.

좋은 카르마	나쁜 카르마
예 아침에 동생을 초등학교까지 데려다 주었다. (+1점)	예 동생에게 소리를 질렀다. (−1점)

동생과 주고받은 카르마 점수는 _0_ 점입니다.

나는 오늘 ＿＿＿＿＿＿＿＿＿ 와(과) 카르마를 주고받았습니다.

좋은 카르마	나쁜 카르마

＿＿＿＿＿＿＿＿＿ 와(과) 주고받은 카르마 점수는 ＿＿＿＿＿＿점입니다.

탐색과제 ★ 2 감정 표현 연습

공격적인 말은 상대방에게 상처를 주고, 사람 사이를 나쁘게 만듭니다. 마음을 아프게 하는 다음 말들을, 주어진 공식에 따라 바꾸어 보세요.

날마다 땡땡이나 치고, 넌 정말 어쩔 수 없는 게으름뱅이야!

⇨ 나는 네가 청소를 안 하고 가 버리면, 〈사실〉

혼자 청소해야 하니까 너무 화가 나고 힘들어. 〈감정〉

네가 다음부터는 빠지지 않고 청소를 같이 했으면 좋겠어. 〈요청〉

내가 말하면, 왜 딴 데를 보니? 그딴 식으로밖에 못하겠어?

⇨ 나는 네가 _____ 하면, 〈사실〉

_____ 해. 〈감정〉

네가 _____ 좋겠어. 〈요청〉

내가 어린애예요? 왜 엄마는 남의 책상을 뒤지고 그래요?

⇨ 나는 엄마가 _____ 하면, 〈사실〉

_____ 해. 〈감정〉

엄마가 _____ 좋겠어요. 〈요청〉

이름을 불러 주었을 때

'칵테일 효과'라는 게 있습니다. 술잔을 들고 여기저기 다니며 사람들과 이야기하는 칵테일 파티. 웅성거리는 소리 때문에 불러도 상대방이 잘 알아듣지 못합니다. 이럴 때 한번에 알아듣게 하는 방법은 무엇일까요?

바로 상대방의 이름을 부르는 것입니다. "하림아!"라고요.

아무리 소란스러워도 자기 이름은 귀에 잘 들어오는 법입니다. 그만큼 사람은 자기 자신에게 관심이 많답니다. 그리고 자기에게 관심을 갖고 사랑해 주는 사람을 좋아하지요.

내가 그의 이름을 불러 주었을 때,
그는 나에게 와서 꽃이 되었다.

김춘수 시인의 「꽃」 가운데 한 구절입니다. 나에게 꽃만큼 소중한 사람이 있나요? 그렇다면 그 사람의 이름을 자주 부르고, 관심을 가져 주세요. 그 사람은 정말 나의 꽃이 될 것입니다.

15 마음 열기
'왕따'에서 '인기짱'으로!

사랑받기 위해 태어난 사람

딱장대에 독신주의자요, 야소꾼으로 유명한 여학교 기숙사의 B 사감. 훌렁 벗어진 이마에 숱이 적어 엉성하게 빗어 넘긴 머리꼬리가 뒤통수에 염소똥만하게 붙어 있는 헤어 스타일, 뾰족한 입을 앙다물고 돋보기 너머로 쌀쌀한 눈매를 지으며 기숙생들을 오싹하고 몸서리치게 하는 여인.

B 사감이 특히 싫어하는 것은 여학생들에게 날라드는 러브레터입니다. B 사감 손에 러브레터가 들어가기만 하면, 그런 편지를 오게 만든 학생은 곧장 사감실로 불려들어가 문초를 받곤 하지요. B 사감은 두어 시간이 넘도록 식은땀 나게 학생을 문초한 뒤, 사내란 믿을 것이 못 된다는 둥, 우리 여성을 잡아먹으려는 마귀라는 둥, 연애가 자유니 신성하니 하는 것도 모두 악마가 지어 낸 소리라는 둥, 열에 떠서 한참 설교를 하다가 눈물까지 글썽거리기 일쑤입니다.

그러던 어느 날, 기숙사에서는 밤마다 기이한 일이 벌어지기 시작합니다. 어디선가 사랑에 몸달은 남성과 교태로 간드러지는 여인네 목소리가 흘러 나오는 게 아니겠어요? 알고 보니 소리의 진원지는 다름 아닌 사감실이었답니다!

"나의 천사, 나의 하늘, 나의 여왕, 나의 목숨, 나의 사랑, 나를 살려 주어요, 나를 구해 주어요."

"정 말씀이야요? 나를 그렇게 사랑하셔요? 당신의 목숨같이 나를 사랑하셔요? 나를, 이 나를?"

궁금증을 못 이긴 학생들, 사감실을 엿보게 되지요. 그런데 아니 이게 웬일입니까? 사감실에는 기숙생들에게 온 러브레터가 어지럽게 널려 있고, B 사감 혼자 연기를 하고 있는 게 아니겠어요? 굴비쪽 같은 얼굴에 말할 수 없이 애원하는 표정을 짓고는 키스를 기다리듯 입을 쫑긋이 내민 채 아까의 사내 목소리를 내다가, 급작스레 돌아서서는 이내 톡톡 쏘는 여인의 목소리를 내는 것이었습니다.

보고 있던 여학생들, 기가 막힙니다. 한편으로는 우습기도 하지만, 다른 한편으로는 한밤중에 저런 식으로밖에 풀지 못하는 사랑받지 못한 여인의 마음이 처량하기도 합니다.

이 이야기는 현진건의 유명한 단편소설 「B 사감과 러브레터」랍니다. 사람은 누구나 인정과 사랑을 받고 싶어합니다. 때가 되면 배고프고 졸리는 것처럼, 사랑받고 싶은 마음은 인간의 가장 기본적인 욕구이지요.

그런데 사랑받지 못하면 어떻게 될까요? 사랑과 인정을 열심히 갈구하는 친구도 있지만, "그런 건 필요 없어!"라며 되레 무뚝뚝하게 구는 친구도 있습니다. B 사감같이 말이에요.

하지만 사람은 사랑 없이는 살 수 없습니다. 친구가 필요하고, 부모님과 주변 사람들의 따뜻한 시선과 인정도 중요합니다.

혹시, 친구를 사귀고 싶은데 마음처럼 잘 되지 않나요? 무뚝뚝한 아버지에게 따뜻하게 다가가고 싶지만 어떻게 해야 할지 모르는 상황은 아닌지요?

공부에만 노력이 필요한 게 아닙니다. 사람을 사귀는 데도 많은 지식과 경험이 필요하답니다. 나는 사랑을 줄 수 있을 만큼 유능하고, 충분히 사랑받아야 할 만큼 소중한 존재입니다. 그럼, 어떻게 하면 사랑을 잘 주고받을 수 있는지 살펴볼까요?

공감 기술 – 표정 읽기

"네가 받고 싶은 그대로 상대방에게 행하라."

이것은 윤리의 가장 기본이 되는 황금률입니다. 사랑과 인정을 받으려면, 무엇보다 상대방을 포용하고 이해하려는 자세가 중요하답니다. 우리네 어른들은 흔히 감정 표현을 잘 못한다고 합니다. 딸을 사랑해도 무뚝뚝, 부모님한테 사랑한다고 말하고 싶어도 뚱한 표정을 짓기만 하지요. 오해는 여기서도 많이 생긴답니다. 다음 말들을 비교해 보세요.

(1) "누구 앞에서 신경질이야? 어디서 그따위로 배웠어?"
(2) "너 지금 기분이 몹시 안 좋은가 보구나. 학교에서 안 좋은 일 있었니?"

(3) "하루 종일 일하시고 5만 원을 버셨다고요? 오늘은 많이 버셨네요."
(4) "하루 종일 일하시느라 힘드셨죠? 오늘은 일이 잘 풀려 기쁘시겠어요."

어때요? 두 말 중 어느 쪽이 부드럽고 편안하게 들리나요? (1), (3)번인가요, (2), (4)번인가요?

사람은 누구나 남들이 자기 감정을 알아주었으면 하는 바람이 있답니다. 자기에게 소중한 사람에게는 더욱 그렇겠지요. 상대방이 한 행동에 주목하지 말고, 그의 얼굴에 나타난 감정을 그대로 말해 주세요.

화난 친구에게는 "화가 났구나." 하고, 또 자랑하고 싶어하는 아이에게는, "뭔가 기분 좋고 뿌듯한 일이 있구나?" 하구요.

어느 책 제목처럼, 사람은 알아야 할 것을 모두 유치원에서 배웠답니다. 훈계하고 지적하지 않아도 무엇이 잘못되었고 어떻게 해야 하는지 알고 있다는 거지요. 내가 신경질을 냈을 때, 어머니가 (1)번이 아니라 (2)번처럼 말씀하셨다면 어떻게 되었을까요? 아마도 기분이 풀리면서 얼마 뒤에는 어머니께 죄송한 마음이 저절로 들 터입니다.

상대방이 내 마음을 알아준다고 느끼면 언짢은 기분, 아쉬운 마음도 스르르 풀려 버립니다. 이처럼 상대의 감정을 알아주는 것은 사랑을 주는 데 가장 기본이 되는 첫걸음이랍니다.

닫힌 말문을 열어라 – 열린 질문
평소 마음에 두고 있던 아이에게 말을 걸어 보려 합니다. 큰맘 먹고 다가갔지만, 좀처럼 대화가 이어지지 않네요.

갑 : "어디 사니?"
을 : "응, 일원동."
갑 : "집에 가면 주로 뭐 해?"
을 : "텔레비전 보고 공부해."

갑 : …….

을 : …….

대화를 하는 데도 기술이 필요하지요. 마음만으로 관계가 발전하지는 않는답니다. 이렇게 말문을 열어 보는 건 어때요?

"우리 학교가 마음에 드니?"보다는,
"우리 학교에서는 어떤 게 마음에 들어?"로,

"보아 좋아하니?"보다는,
"어떤 스타일의 연예인이 마음에 드니?"로,

"간호사라는 직업에 만족하세요?"보다는,
"간호사라서 좋은 점은 뭐가 있어요?"라고요.

앞의 유형을 '닫힌 질문(Yes/No Question)', 뒤의 것을 '열린 질문(Open Question)'이라고 한답니다. 닫힌 질문으로는 대화를 끌어 나가기가 어려워요. 상대방의 대답이 '예'나 '아니오'로 짧게 끝나 버리기 때문이에요. 하지만 열린 질문은 상대방이 다양하게 말을 하도록 자극하기 때문에 대화가 좀더 자연스럽게 흘러가게 하지요. 상대방의 말에 따라 다시 질문을 던지고, 상대방도 나에게 질문을 건네는 식으로 대화는 끝없이 이어진답니다.

코디에는 액세서리도 중요하다 – 경청 기술
대화를 이끄는 데는 눈에 안 띄지만 중요한 요소들이 많답니다. 상대방의 이야기를 주의 깊게 듣고 있다는 '신호'를 끊임없이 전해 주는 것이 필요해요. 이야기를 들으며 고개를 끄덕거려 준다든지, "그래, 맞아." 또는 "그래서 어떻게 되었는데?" 하고 맞장구를 친다든지 하는 것이 중요하답니다.

옷이 아무리 좋아도 액세서리가 어울리지 않거나 아무것도 없으면 스타일이 살지 않지요. 대화도 마찬가지입니다. 따뜻한 눈맞춤이나 고개를 끄덕거리는 것과 같은 행동이 적절히 조화를 이루어야 마음을 나누는 대화가 될 수 있어요.

자, 그럼 이제까지 배운 공감 기술과 열린 질문을 하는 법을 연습해 봅시다. 익숙해진다면 여러분은 '인기짱'에 한 걸음 더 다가갈 수 있을 것입니다.

주고받는 말 중에는 겉모양과 속 내용이 다른 경우가 참 많습니다.

"왜 이렇게 늦었어? 제발 걱정 좀 그만 끼쳐라, 이제!"

이 말은 겉으로 드러난 그대로 보면, 상대방을 힐난하는 것으로 들립니다.

하지만 정작 말한 사람의 뜻은 무엇일까요?

"왜 이렇게 늦었어? 내가 너를 얼마나 사랑하는데, 그것도 모르고. 네가 늦으면 정말 걱정이 돼. 제발 이 마음을 네가 알아주었으면 좋겠어." 이런 뜻이겠지요.

이렇게 말 뒤에 가려진 감정을 이해하고 알아주세요. 그러면 오해는 사라지고 관계는 더욱 친밀해질 것입니다. 내가 상대방의 마음을 알았다는 뜻을 전달하는 연습을 해 봅시다. 마음을 알아주는 표현으로 다음 말들에 대꾸해 보세요.

"뭐 이런 엉터리가 있어? 숙제를 이따위로 하면 안 되지!"

⇨ 그럴 리가 없어요. 선생님께서 잘못 보신 건 아녜요? (×)

⇨ 아! 선생님께서는 제 숙제 때문에 마음이 상하셨군요. (○)

"내가 이거 너 주려고 얼마나 오래 준비한 줄 알아? 그런데 나한테 이런 식으로밖에 못 대하겠니?"

⇨ 내가 뭘 잘못했다고 그래? 좋아서 주는 거면서 뭘 그렇게 화를 내? (×)

⇨ _____

"정말 바보 같기는! 횡단보도도 아닌데, 차에 치여 죽으려 환장을 했어?

⇨ 바보라니요? 지금 나한테 하는 말이에요? (×)

⇨ _____

열린 질문, 닫힌 질문

대화를 잘하려면 말하기보다 듣기가, 듣기보다는 질문하기가 더 중요합니다. 일방적으로 나 혼자만 말한다면 상대방은 곧 지루해지겠지요. 상대방의 말을 진지하게 들어 주는 자세가 정을 나누는 대화의 출발점입니다.

그런데 질문은 이보다 훨씬 더 중요하답니다. 상대방에게 마음을 열 기회를 주니까요. 하지만 질문에도 기술이 필요하답니다. 상대방의 말문을 자연스레 열어 주고 마음을 여는 데도 도움을 주는 열린 질문, 한 번 연습해 볼까요?

"후반전엔 경기가 좀 풀려야 할 텐데, 안 그런가요?" (×)

  ⇨ 후반전은 어떻게 될 것 같아요? (○)

"누가 부산에 갔다 왔니? 너? 아님, 효리?" (×)

  ⇨ _____

"정치가 제대로 되고 있다고 생각하세요?" (×)

  ⇨ _____

"저기다가 텐트를 치는 게 낫지요?" (×)

  ⇨ _____

"아직도 태권도 연습 하니?" (×)

  ⇨ _____

3할 7푼 4리

2004년 메이저 리그 최고 타격왕이자, 한 시즌 262개 안타라는 경이적인 신기록을 세운 야구 선수 이치로. 그는 누구나 인정하는 최고의 타자입니다. 하지만 타율 1위라는 그의 기록을 가만히 살펴보세요. 3할 7푼 4리. 10번 나와서 3~4번 안타를 쳤다는 뜻입니다.

가장 뛰어난 타자라고 해도, 안타를 칠 때보다 못 칠 때가 더 많습니다. 이치로라 해도 10번 중에 6~7번은 아웃되지요. 하지만 10번 중 3번만 안타를 쳐도, 최고 자리에 오를 수 있습니다.

인간관계도 그렇습니다. 모든 상황에서 최고의 대화와 공감이 이루어지지는 않습니다. 그렇지만 늘 따뜻하고 진지한 마음으로 사람들을 대하려고 노력한다면, 나도 최고의 '인기짱'이 될 수 있습니다.

16 비언어적 메시지의 힘
슬픈 인형의 노래

라디오로는 이기고, 텔레비전으로는 지다

1960년 9월 26일은 미국 대통령 선거 최초로 텔레비전 후보 토론이 열린 날입니다. 공화당 후보는 백전노장의 베테랑 정치인인 닉슨이었고, 상대 후보인 민주당 케네디는 거의 무명에 가까운 신인이었습니다. 당시 언론은 닉슨이 압도적으로 승리하리라 예측했습니다.

하지만 막상 뚜껑을 열자 결과는 너무도 달랐어요. 텔레비전 토론에서 얼마 전 무릎 수술을 한 닉슨은 초췌하고 피곤해 보였습니다. 반면, 케네디는 건강하게 그을린 얼굴에 젊은이다운 패기가 넘쳐흘렀습니다. 케네디가 자신감 넘치는 목소리로 주장을 펼치는 동안, 닉슨은 "맞습니다. 그러나……"만을 잇달아 말할 뿐이었지요.

잘생긴 얼굴에 깔끔한 옷맵시의 케네디, 피곤하고 지친 표정에다가 시청자들을 제대로 바라보지도 않는 닉슨. 텔레비전 토론 결과, 케네디는 여론 조사에서 압승을 거두었습니다.

그러나 재미있는 점은, 라디오로 토론을 들은 사람들은 닉슨에게 더 높은 점수를 주었다는 사실입니다. 내용면에서는 경험 많은 닉슨이 훨씬 앞섰던 것이지요. 그러나 승자는 케네디였습니다.

전세계를 전쟁의 회오리 속에 몰아넣은 아돌프 히틀러. 그의 사상은 『나의 투쟁』이라는 히틀러의 자서전에 잘 나타나 있습니다.

하지만 책만으로는 그가 어떻게 사람들의 마음을 휘어잡을 수 있었는지 설명이 되지 않습니다. 정치를 하기 전 히틀러의 이력은 보잘것없었습니다. 그는 평범한 공무원 집안 출신으로, 최종 학력은 고등학교 중퇴였어요. 화가가 되려고 했지만 대학 입시에 떨어져 백수로 지내다 입대를 했다는 것 등, 그에게는 사람들의 이목을 끌 만한 점이 하나도 없었습니다.

그가 들어가 활동하기 시작한 독일 노동당은 급진적인 강령을 추종하는 수십 명의 당원이 모인 극소수 정당에 지나지 않았습니다. 하지만 히틀러는 그 모든 것을 바꿔 놓았습니다.

1920년 2월 24일, 한 맥주집에서 열린 독일 노동당 집회에서 히틀러는 열광적인 연설을 합니다. 처음에는 낮게, 그러나 시간이 갈수록 높아지다가 나중에는 울부짖는 포효로 바뀌는 목소리, 칼로 찌르는 듯한 손동작과 머리를 뒤로 쓸어 넘기며 적의 목을 내려치는 듯한 단호한 동작,……. 그의 연설을 한 번이라도 들은 사람은 히틀러의 말에 매료되고 맙니다.

이렇듯, 광기에 가까운 민족주의와 유대인 학살과 같이 상식으로는 이해되지 않는 일들이 히틀러의 연설 속에서 탄생하고 관철되었던 것이지요.

웃어도 웃지 못하고, 울어도 울지 못하니······

사람의 인상은 그가 하는 말로만 결정되지 않습니다. 몸짓, 자세, 눈빛, 목소리, 옷차림 같은 비언어적 요소들이 사람의 인상을 결정짓는 데 중요한 역할을 한답니다. 예를 들어 볼까요? 똑같이 묻는 말이라도,

"밥은 먹었니?"

"니, 밥은 먹었나?"

이렇게, 말투에 따라 느낌이 달라집니다. 또, 같은 말이라도 빠르게 말할 때와 느리게 말할 때, 웃으며 말할 때와 딱딱하게 말할 때 주는 이미지는 천양지차로 달라지지요.

문제는 정작 말하는 사람은 자신이 주는 이미지를 잘 모른다는 점에 있습니다. 호감을 주려 미소를 지었는데 상대방은 비웃는다는 느낌만 받았다든지, 호탕하게 껄껄 웃었다고 생각했는데 상대방은 왜 이리 '오버'할까 생각한다든지 하는 일들이 우리 주변에는 심심찮게 일어나지요.

더 안타까운 경우는, 화를 냈다고 생각했는데 다른 사람들은 내가 기분 나쁘다는 사실을 도무지 전달받지 못하는 경우입니다.

"왜 이래? 너희들 너무한 거 아냐?"

몹시 화나고 안타까운데도 친구들은 와락 웃음을 터뜨리고, 되레 나를 더욱 놀려댑니다. 나는 분노를 나타내고 있다고 생각하지만, 친구들 눈에는 오히려 그게 더 우스워 보였던 것이지요. '왕따' 학생들이 흔히 겪는 고민이랍니다.

늘 웃는 표정의 인형이 있다고 해 봅시다. 어느 날은 너무 슬퍼서 울음을 터

뜨립니다. 그러나 사람들은 인형이 여전히 웃고 있다고 느낄 뿐입니다. 우는 표정의 인형은 어떨까요? 웃어도 웃는 게 아닙니다. 사람들은 여전히 그 인형이 우울증에 빠져 있다고 여길 뿐이지요.

혹시 내가 그 웃는 표정의, 또는 우는 표정의 인형이 아닌지요? 자기 얼굴을 사진 찍어 보세요. 기분 좋게 웃으면서 찍어 봅시다. 사진 속의 나도 기분 좋게 웃고 있는 걸로 보이나요? 이번엔 무섭게 인상을 쓰고 찍어 보세요. 사진 속의 나도 무서워 보이나요?

그러면, 이제 내 동작을 하나하나 점검해 봅시다. 내 감정과 뜻이 잘 드러나도록 말이에요.

얼굴 표정 – 눈썹 인사

얼굴 표정을 한 번 살펴볼까요?

눈썹과 눈 모양은 인상을 결정짓는 데 아주 중요한 역할을 한답니다. 보통 미소짓거나 반가운 표정을 지을 때는, 눈썹이 반달 모양이 되고, 눈이 조금 커집니다. 이를 '눈썹 인사'라고 하지요.

그러면 화가 났을 때는 어떨까요? 우울할 때는요? 애니메이션 속의 주인공들을 살펴보세요. 그네들의 웃고 우는 모습을 보고, 그 표정을 따라 지어 보세요. 거울을 보며 비슷해지도록 계속 연습한다면, 언젠가는 지금보다 훨씬 더 나은 표정을 갖게 될 거예요.

자세 바로잡기

이번에는 자세를 살펴볼까요? 혹시 지나치게 긴장하고 있지는 않나요? 어깨에 힘이 들어가고, 팔이 구부려져 몸 쪽으로 붙어 있고, 엉덩이는 뒤로 빠져 구부정해 보이나요? 이것은 사람이 긴장하면 나타나는 자세들이에요. 어른들이 흔히 '안 좋은 자세'라고 하는 것 말이지요.

자! 이렇게 해보는 건 어때요? 먼저 인형극에 쓰이는 인형처럼, 양쪽 귀 위에 실이 달려 있다고 생각해 보세요. 위에서 그 실을 잡아당긴다고 생각해 보세요. 허리가 쭉 펴질 겁니다. 그런 다음 턱을 몸 쪽으로 당겨 보세요. 그리고 엉덩이를 배 쪽으로 밀고, 동시에 배 근육을 안쪽으로 잡아당깁니다. 어때요? 자세가 훨씬 당당하고 펴지지 않았나요?

거리와 눈맞춤

사람들 사이의 거리도 중요합니다. 아랍 사람들과 영미권 사람들 사이에서는 사람과의 거리 때문에 이따금 오해가 빚어지곤 한대요.

텔레비전에 외국 사람이 나오면 잘 살펴보세요. 아랍 사람들은 인사할 때 서로 부둥켜안습니다. 얘기할 때도 사람들 사이의 거리가 아주 가깝지요. 반면, 영미권 사람들은 보통 서로 멀찍하게 떨어져 섭니다. 그리고 악수를 나눕니다.

사람들마다 이 거리에 대한 감각이 모두 다르다는 점에 유의하세요. 보통은 엄마같이 친한 사람이 가까이 오면 친근감을 느끼지만, 어렵고 낯선 사람이 너무 가까이 다가오면 불편해지지요.

그러면 나는 어떤지 곰곰이 생각해 보세요. 친한 사이인데도 늘상 너무 멀찍이 떨어져 있진 않나요? 반대로, 부담이 될 정도로 상대방 가까이 다가서 있지는 않나요?

이 밖에 눈맞춤도 한 번 생각해 보세요. 대화할 때 나는 상대방의 눈을 보면서 말하나요? 본다고 해도 너무 짧게 바라본 나머지 상대방이 '힐끔거린다'고 오해하지는 않는지요? 반대로, 너무 오래 봐서 '노려본다'고 피하지는 않는지요?

내 인상 새롭게 만들기

루이스(D. Lewis) 같은 심리학자들은 의사소통 가운데 말의 영향은 7%에 지나지 않는다고 말합니다. 93%는 말투, 태도, 자세, 시선 같은, 말 이외의 요소들에 의해 영향을 받는다고 해요. 우리가 흔히 '자신감', '소심함'으로 뭉뚱그려 말하는 것들이지요.

남한테 좋은 인상을 주고 나를 정확하게 표현하기 위해서는 언어 말고도 앞에서 말한 태도, 자세 같은 내 모습을 정확하게 가다듬어야 한답니다. 그럼 이제, 내 인상을 점검하고 새롭게 만들어 볼까요?

표정 흉내내기

몸짓 언어는 만국 공통어라고 합니다. 사람이라면 누구나 기쁘고, 화나고, 슬프고, 즐거운 표정을 지을 수 있기 때문이에요. 또, 손짓, 발짓으로 많은 것을 표현할 수도 있습니다. 이처럼 말이 통하지 않더라도, 표정과 몸동작만으로도 기본적인 의사소통은 이루어질 수 있습니다.

더 나아가 적절한 몸짓 언어는 자기 말의 설득력을 높이는 중요한 수단입니다. 노려보는 듯한 시선과 단호한 손동작은 강하게 자기 주장을 펼 때, 애처로운 눈빛과 부드러운 미소는 동정심을 호소하는 데 결정적인 역할을 합니다.

그러나 자신의 감정을 표정과 동작으로 정확히 나타내기란 쉽지 않답니다. 다양한 얼굴 표정을 그린 다음 그림들을 보고, 똑같이 표정을 지어 보세요.

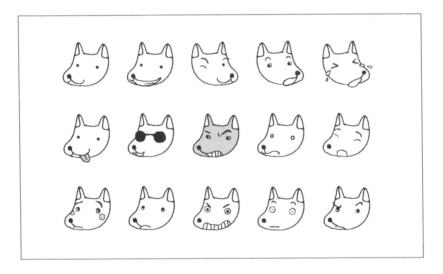

친구와 짝을 지어 흉내내기 놀이를 해 봅시다. 친구의 표정은 위의 어떤 그림을 보고 따라 지은 것일까요?

탐색과제 ★6

자세 바꾸기

다음 그림 속의 사람을 보고 어떤 인상을 받았는지 이야기해 보세요. 이 사람이 주는
느낌을 바꾸려면 어디를 어떻게 바꿔야 할까요?

이 사람의 자세에서는

1. _____

2. _____

3. _____

고쳐야 합니다.

긴장을 풀어요

길을 가다 갑자기 공이 내 머리를 향해 날아오는 것을 보았다고 해 봅시다. 이때 내 몸은 반사적으로 움츠리며 방어 자세를 갖춥니다. 이러한 몸의 방어 시스템을 가리켜, '적색 신호 반응'이라고 합니다.

위기 상황에 부닥치면 내 몸은 1초도 안 되는 짧은 순간에 다음과 같은 차례로 방어 자세를 취합니다.

위기를 느낀 때부터 경과된 시간 단위:milliseconds(1/1000초)	반 응
12	아래턱 근육이 수축함.
16	눈과 눈썹 근육이 수축함.
20	어깨, 목 근육이 수축하면서 어깨와 머리가 앞으로 숙여짐.
50	팔목이 접히면서 손바닥이 아래로 향함.
60	복부 근육이 수축하면서 늑골이 내려가고 호흡이 멈춤.
70	무릎이 구부러짐. 양 무릎은 안쪽을 향함.
	발목도 접히며 안쪽으로 향함.
80	가랑이 근육이 수축하면서 발가락이 곤두섬.
90	심장 박동이 증가함.
100	입이 마르고 소화 속도가 느려짐.
150	호흡이 불규칙해짐.
200	손바닥에 땀이 나기 시작함.
250	안색이 창백해짐.

적색 신호 반응은 나쁜 자세와 연관되어 있습니다. 정말 놀라면 기가 막혀서(호흡이 정지하여) 말이 안 나오고 더듬게 되며, 안색이 창백해집니다. 그리고 주눅이 들면 어깨에 힘이 들어가 위축되고 구부정한 자세가 나오지요.

평소에 몸동작이 긴장되어 있지 않나요? 자, 어깨에 힘을 빼고 깊이 숨을 들이마셔 보세요.

17 드림팀 짜기
사람만이 희망이다

사람만이 희망이다!

조종사 앙리 기요메의 비행기는 그만 안데스 산맥에 추락하고 말았습니다. 살을 에는 추위 속에 먹을 것 하나 없이 그는 사흘 동안 앞만 보고 걸었습니다. 마침내 눈 속에 쓰러져 버린 앙리. 탈진한 그는, 지금 당장 일어서지 않는다면 그 자리에서 얼어 죽고 말리라는 사실을 알고 있습니다. 그러나 기진맥진한 그는 더 이상 걷고 싶지 않았습니다. 그대로 조용히 고통 없이 죽고 싶었지요.

마지막 순간, 그는 사랑하는 아내와 아이들을 떠올렸습니다. 마음이 따뜻해져 왔습니다.

그런데 문득 한 생각이 머리를 스쳤습니다. 만약 자기가 죽은 뒤 시체를 찾지 못한다면, 자신의 사망 보험금은 어떻게 될까? 실종자가 사망으로 처리되기 위해서는 4년을 기다려야 합니다. 그때까지 아내와 아이들은 보험금도 없이 뭘 먹고 살까요?

걱정하던 기요메의 눈에 100미터쯤 앞에 서 있는 커다란 바위가 들어왔습니다. 저 바위 위에 올라가서 죽는다면 시체는 금방 발견될 것 같았습니다.

그는 가족을 사랑하는 마음으로 기를 쓰고 100미터를 걸어 올라갑니다. 다시 쓰러질까 봐 그는 차마 멈추지도 못했습니다. 마침내 바위에 도달했을 때, 그 아래 마을이 있었습니다. 그는 구조된 것입니다.

이 이야기는 생텍쥐페리의 『인간의 대지』에 나오는 일화입니다.

'인간은 사회적 동물'이라는 아리스토텔레스의 말을 끌어들이지 않더라도, 가족이나 이웃은 나에게 가장 커다란 희망이자 삶의 이유이지요. 인간이 속한 영장류는 본디 군집 생활을 하는 동물입니다. 스스로 의식하지 못한다 해도, 사람들 속에서 본능적으로 내 존재의 의미와 행복을 찾기 마련입니다.

사회학자 뒤르켕(E. Durkheim)이 『자살론』에서, 자살을 막을 방도로 '회사'의 중요성을 강조하는 이유도 여기에 있습니다. 회사는 사람들이 함께 어울리는 장이 됩니다. 그리고 공동의 목표를 설정해 주기까지 하지요. 그가 말한 '회사' 속에는 동아리나 동호회도 포함될 수 있을 듯합니다.

하지만 여럿이 함께 있다 해서 늘 정겹고 따뜻하지만은 않습니다. '군중 속의 고독'이라는 말도 있잖아요? 친구는 많아도 마음을 열 만한 이 하나 없고 언제나 외롭고 혼자라는 생각뿐이라면, 사람은 '희망'이 아니라 '절망'으로 바뀌겠지요.

어떻게 하면 '군중 속의 고독'에서 벗어날 수 있을까요? 그리고 사람들과 좀 더 가까워지고 따뜻한 감정을 나눌 수 있을까요?

사람을 사귀는 데도 단계가 있다 – 커뮤니케이션 원리

"수정이는 요새 어떻게 지낸다니?" 〈입 떼는 말 : 인사〉

"수정이가 학생회장 선거에 나간대." 〈사실〉

"수정이가 학생회장 선거에 나간대. 정치가가 꿈이니 그럴 만하지." 〈의견〉

"수정이가 학생회장 선거에 나간대. 잘난 척하는 데다가 성적도 변변찮은 애가 선거에 나갈 생각을 하다니, 정말 밥맛이야!" 〈감정〉

한 사람에 대한 말이지만, 위의 네 가지 말은 조금씩 다릅니다. 입떼는 말, 사실, 의견, 감정의 차례로, 앞쪽일수록 객관적인 사실만을 말하고 뒤로 갈수록 나를 좀더 드러내고 있습니다.

어떤 사람들은 일 년을 같이 보내도 '입 떼기' 단계에서 더 나아가지 않습니다. 길 가다 마주칠 때 하는 인사인 '안녕?', '잘 지내?', '날씨 좋지?' 정도의 말밖에는 나누는 말이 없지요.

대부분의 사람들은 '사실' 단계에서 대화를 나눕니다. 예컨대, "수정이가 학생회장 선거에 나간대."라는 말은 사실을 말한 것에 지나지 않습니다. 내 평가나 감정이 섞이지 않은, 있는 그대로의 말일 뿐입니다. 그래서 친하지 않은 사람들끼리는 사실 단계에서 이야기가 주로 이루어지지요.

연예인, 선생님, 학교 숙제 같은 것은 친구들끼리 수다를 떨 때 주로 도마에 오르는 이야기입니다. 이런 이야기들은 공동의 관심사이지만 자기 내면을 드러내는 것도, 비밀을 털어놓아야 하는 것도 아닙니다. 그렇기 때문에, 편하게 한참 동안 대화를 나눌 수 있답니다.

사실 단계의 이야기가 어느 정도 무르익으면, 조심스레 자신을 열어 보이기 시작합니다. "근데, 지영이 걔 요새 너무한 거 아냐?" 식으로요. 자신을 드러내도 상처받지 않겠다는 믿음이 생기면 자기 의견을 자주 내세우게 되지요.

그러다가 익숙하게 의견을 나누는 단계가 지나면, 내면의 감정을 있는 그대로 드러내고 풀어 놓습니다. "지영이 걔 정말 밥맛이야! 그렇게 재수 없는 애는 처음 봐!", "철수는 너무 사랑스러워. 눈만 감으면 그 애 손가락이 떠올라." 처럼요.

자! 나는 이 가운데 주로 어느 단계의 대화를 나누고 있을까요? 사실, 의견, 감정? 아니면 하루 종일 입떼기 수준의 인사만 반복하고 있지는 않나요?

하지만 친해진답시고, 만나면 아직 어색한 사람들과 의견, 감정 단계의 대화를 나누려고 하면 오히려 관계는 더욱더 어색해진답니다. 어느 날 갑자기 근엄한 아버지가 들어오셔서, "우리 한 번 부자간에 진지한 대화를 나누어 보자." 라고 말씀하시면, 오히려 말이 막히고 머쓱해지는 것처럼 말이에요.

인간관계를 잘 가꾸어 우정을 쌓으려면 시간과 공력이 많이 필요하답니다. '사실' 단계에서 충분한 시간을 보내야, 자연스럽게 '의견'을 나누게 되고, 그렇게 되어야 서로 '감정'을 터놓는 사이로까지 발전할 수 있답니다.

자, 그럼 내게는 서로 허물없이 감정을 털어놓을 수 있는 친구가 얼마나 있을까요?

내게 힘을 주는 사람과 내게서 힘을 빼앗는 사람

그러나 사이가 좋다고 다 바람직한 것은 아닙니다. 가까워질수록 내게 힘이 되는 사람도 있지만, 그 반대도 있습니다. "그때 그 친구만 아니었더라도……." 하면서 후회하게 되는 경우도 얼마든지 있으니까요.

친구 덕분에 발전하는 사람도 있지만, 친구 때문에 나락으로 떨어지는 사람도 있답니다. 그러면 어떤 친구를 사귀어야 할까요?

내게는 어떤 친구가 바람직한지 생각해 보세요. 마음도 맞고 내 삶에 도움이 되는 친구, 마음은 맞지 않지만 내 삶에는 도움이 될 것 같은 친구, 마음은 맞지만 내 삶에 해가 될 듯한 친구, 마음도 안 맞고 내 삶에도 해가 될 듯한 친구.

또, 마음이 맞아서 내가 도와 주고 싶은 친구, 마음은 안 맞지만 도와 주어야 하는 친구, 마음은 맞지만 친해질수록 그 친구에게 해가 되는 경우, 마음도 안 맞고 가까이 할수록 그 친구에게도 해만 주는 경우…….

이런 식으로 내 친구들을 생각해 보며, 나는 어떤 잣대로 친구를 원하고 사귀고 있는지 정리해 보세요. 최고의 우정으로 뭉친 '나의 드림팀'을 꾸민다면, 그 안에는 어떤 친구들이 들어갈까요?

내가 좋아하는 친구 유형을 다음과 같이 나누어 봅시다. 마음이 맞고 서로 도움이 되는 친구, 마음에는 안 들지만 서로 도움이 되는 친구, 마음은 맞지만 서로 도움이 안 되는 친구, 마음에도 안 들고 서로 도움도 안 되는 친구로요.

아래 각 칸에 해당되는 친구들을 적어 보세요.

	마음이 맞음	마음에 안 듦
서로 도움이 됨		
서로 도움이 안 됨		

마음이 맞고 서로 도움이 되는 친구는 어떤 친구들인가요? 그런 친구들이 내 주변에는 많습니까? 네 유형 중, 다른 친구들이 볼 때 나는 어디쯤 있을까요?

_____

_____

_____

_____

_____

_____

_____

스타와 영웅

문명이 발달할수록, 위대함과 유명함의 구분은 점점 흐릿해지고 있습니다. 옛날 영웅들은 위대했기 때문에 유명했지만, 지금은 유명한 사람이 위대하게 느껴집니다. 유명 인사들은 사람들의 관심과 사랑을 한몸에 받으니까요.

그런데 유명하다고 반드시 위대한 것일까요? 흔히 스타라고 일컬어지는 사람들은 이미지일 뿐입니다. 사람들의 관심을 좇아 만들어진 소모품에 지나지 않아요. 시간이 지나고 유행이 바뀌면 언제 그랬느냐는 듯 사라져 버립니다.

하지만 영웅은 다릅니다. 영웅은 시간의 흐름을 통해 '검증'된 사람입니다. 당시에는 비웃음과 멸시를 당했더라도, 마침내 그 위대함이 판명된 사람이지요. 이들은 시간이 흐를수록 오히려 빛을 더해 갑니다.

나는 지금 무엇을 좇고 있습니까? 스타인가요, 영웅인가요? 헛된 명예욕에 휩쓸리지 않고 진정한 내면의 가치를 추구하는 삶, 그 속에서 진정한 나는 완성됩니다.

이제는 나를 노래하자

바로 지금, 이 자리에서!

프랑스 '태양왕' 루이 14세 때 일입니다. 그때 프랑스는 바다에서 영국과 치열한 경쟁을 벌이고 있었습니다. 그런데 영국에 대항하기에는 프랑스 선박 수가 너무 적었답니다. 더구나 배를 만들 전나무도 턱없이 부족했습니다.

당시 프랑스 총리 콜베르는 왕실 산림 담당자들에게 숲 전체를 덮을 만큼 전나무를 심으라고 명령했습니다. 그러자 당황한 관리들이 이렇게 대꾸했다지요.

"총리님, 돛을 만들 만큼 전나무가 자라려면 넉넉히 100년은 걸립니다."

그러자 콜베르는 갑자기 깨달았다는 듯이 대꾸합니다.

"아, 그렇군. 그렇다면 더더욱 하루라도 빨리 전나무를 심게."

우리는 지금까지 내가 누구인지, 이상적인 나는 어떤 사람인지, 그렇게 바뀌려면 무엇을 어떻게 해야 하는지를 살펴보았습니다.

그러나 나는 쉽게 바뀌지 않습니다. 벌써 10년을 넘게 살아 온 나. 나를 변화시키려면 지금까지 살아온 나날보다 더 긴 세월이 필요할지도 모릅니다. 그렇지만 다른 길이 있을 수는 없습니다. 발전하는 나를 만들려면 지금 당장 나를 바꾸는 작업에 착수해야 합니다. 100년이 걸리는 일이라 하더라도, 그 출발은 바로 지금 이 자리이니까요.

반성하지 않는 삶은 살 가치가 없다

고대 세계에서 로마군은 최강의 군대였습니다. 그렇지만 병사들의 체구는 왜소하기 짝이 없었답니다. 훤칠하고 떡 벌어진 어깨에 힘까지 센 게르만족, 개척되지 않은 거친 자연 속에서 살던 갈리아족, 브리타니아인들에 비하면, 로마 정예병인 라틴족은 힘없는 난쟁이에 가까웠습니다.

그러나 로마군은 강하고 억센 이민족들을 모두 정복했답니다. 그 비결은 무엇이었을까요?

로마 군단의 힘은 잘 짜인 군진과 질서에서 나왔습니다. 이민족들이 흥분하여 제각각 뛰쳐나올 때 로마 병사들은 군진을 짜고 침착하게 적의 공격을 막아냈습니다.

제아무리 표범이라 해도 떼를 이루고 있는 얼룩말들을 공격할 수는 없는 법입니다. 질서정연한 군단 대형을 이민족들이 쉽게 뚫을 수는 없었습니다. 마침내 이민족 군대가 힘이 빠져 버리면, 그제야 로마군은 반격을 시작합니다.

그러나 이때도 로마 병사들은 진영을 흐트러뜨리지 않습니다. 전쟁터의 혼란 속에서도 끊임없이 군단 깃발 아래 모여 군진을 정비하고, 전열을 가다듬는 일을 되풀이합니다. 그들 스스로 적을 이길 힘은 흐트러지지 않은 진영과 군율에서 나옴을 잘 알고 있었던 것입니다.

나의 일상은 어떤가요? 이상을 이루기 위해 나는 목표를 세우고 계획을 짜곤 합니다. 그러나 생활은 늘 뜻대로 되지 않습니다. 때로는 나태하고 때로는 흥분하여, 일상은 목표와 계획에서 끊임없이 일탈하려 합니다. 그럴 때 나는 어떻게 대처하나요?

침착하게 군진을 다시 세우고 전열을 가다듬는 로마 병사들처럼, 내 생활을 목표와 계획에 맞춰 재정비하고 있나요? 아니면, 흥분하여 제가끔 날뛰는 이민 족들처럼 감정과 행운에 몸을 맡기고 하루하루를 넘기고 있나요?

아무리 자신을 잘 알고 있고 뚜렷한 목표와 이상, 치밀한 계획을 갖고 있다 해도 그것만으로는 충분하지 않습니다. 끊임없이 나도 바뀌고, 주변 상황도 바뀌어 갑니다. 한때 최고였던 꿈과 목표라도 세월이 가면 진부하고 잘못된 것으로 떨어지기도 합니다.

'나는 누구인가?'는 결코 답이 완성될 수 없는 물음입니다. 삶이 다하는 순간까지, 아니 삶이 끝난 이후에도 끝없이 자신에게 묻고 또 물으며 스스로를 다 잡아야 하는 화두랍니다.

『Who am I?—나는 내가 만든다』를 통해 우리는 '고기 잡는 법'을 배웠을 뿐입니다. '나'라는 고기를 잡는 일은 지금 이 순간의 내 몫입니다. 이제 소크 라테스의 충고로 이 책을 마치려고 합니다.

"반성하지 않는 삶은 살 가치가 없다."

이 말은 여러분이 걸어가야 하는 삶의 길을 끝까지 이끌어 줄 북극성이 될 것입니다.

이 책이 탄생하기까지

기초 연구 2년, 실제 수업을 통한 집필 기간 3년, 관련 분야 전문가 면담 130여 명, 수업 참여 학생 1400여 명…….

이 작은 책에 들어간 공력(功力)이다. 국내 최초로 일선 학교가 실제 수업을 통해 개발한 특성화 교과 'Who am I?', 이 과목이 태어나기까지는 긴 산통(産痛)이 있었다. 그러나 그 출발은 아주 간단한 의문에서였다.

"왜 우리 학생들은 자기가 공부하는 이유를 모를까?"

치열한 입시전쟁에서 승리하기란 보통 어려운 게 아니다. 아이들은 청소년기의 대부분을 교과서, 참고서와 씨름하며 보낸다. 부모는 공부하라고 닦달하고 선생님은 눈에 불을 켠다. 경쟁에서 도태되는 것은 아이와 부모에게 큰 고통일 테니까.

우리나라의 입시는 모든 의심을 잠재우는 '정신의 블랙홀'과 같다. 아이들은 좋은 대학만 가면 인생이 잘 풀리리라고 막연하게 믿고 있다. 하지만 과연 그럴까?

학생들에게 장래희망을 적으라고 하면 백지로 내는 경우가 아주 많다. 공부를 잘하고 못하고에 상관없이 뚜렷한 인생 목표를 가진 아이가 드문 것이다.

"공부 잘하면 의대, 법대를 가고, 못하면 성적순으로 '나머지' 대학, 학과에 진학한다."

이게 우리나라 중고생들의 머릿속에 박혀있는 삶의 지침이라고 하면 과장일까? 자신이 진정 원하는 게 무엇인지, 좋은 삶이란 어떤 것인지 하는 고민은 우리 학생들에게 '대학 가서나 하는' 사치스러운 질문이 되어 버렸다.

그래서인지 많은 학생들은 입시의 굴레에서 오랫동안 헤어나지 못한다. 대학에 진학한 뒤에도 경쟁에서 뒤졌다는 자괴감 때문에, 혹은 전공이 적성에 맞지 않는다는 이유로 다시 재수를 결심하는 아이들이 태반이다.

나아가 자기가 뭘 원하는지, 왜 공부해야 하는지 모르는 사람이 학업에 적극적일 리 없다. 등 떠밀려서 하는 공부는 학생 자신 뿐 아니라 부모와 선생님에게도 상처를 주는 고단한 과정일 뿐이다.

그렇다면 학생들은 공부하기에 앞서, "나는 왜 공부해야 하는가?", "내가 진정 원하는 삶은 어떤 것일까?", 더 궁극적으로는 "나는 누구인가?"에 대한 고민을 먼저 해야 하지 않을까? 그리고 학교는 아이들이 이러한 질문에 대한 답을 스스로 내릴 수 있게 도와주는 곳이어야 한다. 자신이 누구이고 어떤 사람이고 싶은지를 알아내려는 갈망, 'Who am I?'는 그 갈망을 풀어주기 위한 일환으로 기획된 교과이다.

　구체적인 탄생 과정은 다음과 같다. 2000년부터 도입된 새로운 교육과정은 일선 학교에 숨통을 터 주었다. '학교장 재량 활동'이라는, 학교가 자율적으로 교과를 만들어서 운영할 수 있는 공간이 생긴 것이다. 이에 교장 정창현 박사는 앞서의 프로그램을 구체화하여 앞으로 자립형 학교가 될 중동고등학교의 위상에 걸맞은 특성화 교과를 운영하기로 방침을 정하고, 중동 학원 부설 '중등교육연구소'의 장기 연구과제로 '자아정체성과 비전 확립 프로그램'(과목명 'Who am I?') 개발을 추진했다.

　책임연구원으로는 철학과 박사과정을 밟고 있던 안광복 선생이 임명되었다. 철학교사인 그는 청소년 교양물 집필 경험이 풍부한데다, 담당 교과 또한 정체성 탐구와 가장 일치했기 때문이다.

　처음에는 교과 개발에 대한 반론도 적지 않았다. 도대체 '나'를 교수 내용으로 하는 과목이 가능하기나 한가, 누가 이 과목을 가르칠 것인가 등이 문제되었다. 하지만 기초 자료 조사를 통해, 우리는 'Who am I?'의 필요성에 대해 더욱 확신하게 되었다. 2000년 당시에도 이미 시중에는 자아정체성 탐구, 비전 설계에 대한 책들이 쏟아져 나와 있었으니 말이다. 공급은 수요가 있어야 생겨나는 법, 그만큼 이 과제들이 사회적으로도 절실하다는 뜻이 되기 때문이다. 그런데도 중고등학교 교육과정에서 '나'에 대한 탐구는 철저하게 외면당하고 있었다. 국·영·수 등 학문 분야별로 나뉜 과목 배열 속에서는 자아정체성 확립 같은 중요한 프로그램이 자리할 곳이 없었던 탓이다.

　연구와 집필 준비도 대단히 치밀하게 이루어졌다.
　2001년, 공식 연구 첫 해에 우리는 먼저 무엇을 가르칠 것인지를 집중적으로

탐색했다. 외부 인사로는 손동현 성균관대 철학과 교수, 교육과정평가원의 조난심 박사에게서, 학교 내부로는 교장 정창현 박사, 임광순 상근이사, 김춘광 상담실장, 김시용 기획실장 등 여러 교직원들과 학생회장을 비롯한 여러 학생들에게 의견을 듣고 공통분모를 추려 내었다. 그리고 그 내용을 '생활 확대의 원칙'에 따라 자아정체성 확립→비전 수립→바람직한 인간관계 맺기 순으로 배열했다.

아울러, 각 과정은 눈에 띄지 않게 내용과 과제를 반복해 가며 나선형으로 심화해 가는 형태를 취했다. 책에 들어 있는 과제들이 서로 조금씩 겹치는 이유는 이 때문이다.

2002년부터는 책임연구원인 안광복 선생이 '창의적 재량 활동' 시간에 실제 수업을 진행하며 교재를 집필해 나갔다. 3년 동안 매년 13개 반 수업이 저마다 달랐으니, 모두 39개의 'Who am I?' 수업 모델이 있었던 셈이다.

교재 완성연도인 2004년에는 시인이자 감성언어의 대가인 국어교사 한채영 박사, 국제 문화에 해박한 영어교사 강동길 선생, 실험 위주 교육으로 명망 높은 과학교사 최원호 박사가 공통 집필진으로 투입되었다. 이들은 'Who am I?'를 범교과적 관점에서 검토하고, 교육프로그램을 한층 더 정교하게 가다듬었다. 화룡점정(畫龍點睛)이란 바로 이런 경우에 해당하는 말이다.

하지만 이런 과정을 통해 만들어진 교재 내용 중에서 90%는 검토 과정에서 채택되지 못했다. 학생 반응과 교내외 전문가들의 평가를 고려하여 고갱이만 추렸기 때문이다. 이렇게 해서 만든 책이 지금의 『Who am I?』이다. 충분한 연구와 확실한 임상실험을 거친 만큼, 인생의 출발점에서 고민하는 학생들에게 이 책이 큰 도움이 되리라 확신한다.

이 책이 나오는 데까지는 너무 많은 분들에게 신세를 끼쳤다. 먼저 확고한 교육적 소신으로 4년이 넘는 세월을 기다려 주신 사계절 출판사 강맑실 사장께

감사드린다. 눈앞의 이익에 둔감할 수 없는 어려운 출판계 현실에서, 이 분이 아니었다면 'Who am I?'는 지금같이 멋진 책으로 태어날 수 없었을 터이다. 기획 과정에서 많은 도움을 준 도서평론가 이권우 선생과 '세상에서 가장 꼼꼼한' 편집자 정은숙 씨에게도 고마운 마음을 전한다. 아울러, '중동 출신'이라는 이유 하나만으로 바쁜 일을 모두 제치고 좋은 삽화를 기꺼이 그려 주신 정우열 화백에게도 감사를 드린다.

연구 과정에서도 많은 분들의 도움을 받았다. 2001학년도 연구의 자문을 맡은 서장혁 선생님, 2002학년도 자문위원 김시용 선생님을 비롯한 중동학원 여러 교직원들의 도움은 이루 말로 표현할 수 없을 정도다. 2004년도에는 서광열 재단 사무국장과 김춘광 교감이 교육계에 미칠 파장과 현장 실현 가능성에 대한 광범위한 검토와 자문을 주셨다. 이 모든 분들의 도움이 없었다면 'Who am I?'는 공허한 이상에 그쳤을 것이다.

가장 많은 감사를 받아야 할 사람은 중동고 학생들이다. 수업을 통해 이네들이 보여준 열성적인 반응 하나하나는 교재를 만드는 데 큰 보탬이 되었다. 'Who am I?' 단원 제목 공모에 300여 편이 넘게 응모하는 등, 집필 과정 곳곳에서도 크나큰 도움을 주었다. 어찌 보면 이 책은 결국 중동의 학생들이 만들어 전국의 청소년들에게 선물한 것이라 보아도 좋겠다. 우리들은 학생들의 소망을 적고 풀어 냈을 뿐이다.

2004년 12월

『Who am I?』 공동 집필진

Who am I?
나는 내가 만든다

2004년 12월 28일 1판 1쇄
2021년 3월 31일 1판 18쇄

지은이 정창현, 안광복, 한채영, 강동길, 최원호

편집 정은숙
제작 박홍기 **마케팅** 이병규, 양현범, 이장열 **홍보** 조민희, 강효원
출력 블루엔 **인쇄** 천일문화사 **제본** J&D바인텍

펴낸이 강맑실 **펴낸곳** (주)사계절출판사 **등록** 제406-2003-034호
주소 (우)10881 경기도 파주시 회동길 252
전화 031)955-8558, 8588 **전송** 마케팅부 031)955-8595 편집부 031)955-8596
홈페이지 www.sakyejul.co.kr **전자우편** skj@sakyejul.co.kr
블로그 skjmail.blog.me **트위터** twitter.com/sakyejul **페이스북** facebook.com/sakyejul

ⓒ 정창현, 안광복, 한채영, 강동길, 최원호 2004

ISBN 978-89-5828-060-6 43100